Die Partnerschaft im musikalischen Dialog

Ars Musica. Interdisziplinäre Studien

Herausgegeben von Elżbieta Szczurko und Tadeusz Guz

Band 5

Jolanta Skorek-Münch

Die Partnerschaft im musikalischen Dialog

Von der Geburt der zyklischen Form der Kammermusik mit Klavier (Trio, Quartett, Quintett) bis zu ihrer höchsten Blüte (Borodin, Mahler, Schostakowitsch)

Bibliografische Information der Deutschen Nationalbibliothek
Die Deutsche Nationalbibliothek verzeichnet diese Publikation
in der Deutschen Nationalbibliografie; detaillierte bibliografische
Daten sind im Internet über http://dnb.d-nb.de abrufbar.

Diese Publikation wurde gefördert von
der Fakultät für Musik der Universität Rzeszów.

ISSN 1869-8611
ISBN 978-3-631-66321-9 (Print)
E-ISBN 978-3-653-05620-4 (E-Book)
DOI 10.3726/978-3-653-05620-4

© Peter Lang GmbH
Internationaler Verlag der Wissenschaften
Frankfurt am Main 2015
Alle Rechte vorbehalten.
PL Academic Research ist ein Imprint der Peter Lang GmbH.

Peter Lang – Frankfurt am Main · Bern · Bruxelles · New York ·
Oxford · Warszawa · Wien

Das Werk einschließlich aller seiner Teile ist urheberrechtlich
geschützt. Jede Verwertung außerhalb der engen Grenzen des
Urheberrechtsgesetzes ist ohne Zustimmung des Verlages
unzulässig und strafbar. Das gilt insbesondere für
Vervielfältigungen, Übersetzungen, Mikroverfilmungen und die
Einspeicherung und Verarbeitung in elektronischen Systemen.

Diese Publikation wurde begutachtet.

www.peterlang.com

Inhaltsverzeichnis

I. Einführung 7

II. Klavierquintett und Klavierquartett –
Geburt einer Form 13

III. Zwischen Klassik und Romantik 23

IV. Die romantische Klavierkammermusik.
Die Entfaltung nationaler Stile – Borodin 35

V. Tradition und Modernität –
Mahler und Schostakowitsch 65

VI. Resümee 85

Bibliographie 91

Personenverzeichnis 95

I. Einführung

Die Geburt der zyklischen Form der Kammermusik mit Klavier (Trio, Quartett und Quintett) hängt mit der Emanzipation der Kammermusik von der Instrumentalmusik zusammen, die von den deutschen Musiktheoretikern der ersten Hälfte des 18. Jahrhunderts ausgelöst wurde. Der im späteren Musikschrifttum allgemein gebräuchliche Begriff Tonsprache erschien in der von den Theoretikern und Musikern der Aufklärung viel beachteten Abhandlung Johann Matthesons *Der vollkommene Capellmeister*. Mattheson – Verfasser, Komponist, Musikschriftsteller und Diplomat – widmete viel Aufmerksamkeit der Oper. Mitentscheidend dafür war der Umstand, dass die in seiner Heimatstadt Hamburg vom Ende des 17. Jahrhunderts wirkende Oper am Gänsemarkt ein europäisches Renommee genoss. Er bemerkte, dass die Oper sehr häufig eine fiktive Wirklichkeit darstellt, die vom Publikum, das auf der Bühne im Voraus etwas Erfundenes erwartet, akzeptiert wird. Es entsteht also ein besonders gearteter Konsensus des Publikums, das seinen aus der Vernunft gespeisten Skeptizismus für die Zeit der Aufführung vergisst und mit dem Wunderbaren einverstanden ist, da dadurch die Aussagekraft des Gespielten gesteigert wird. Mattheson tadelte jene Theoretiker, die (so wie Dubos und Batteux, auf die ich noch zu sprechen komme) die Quelle des ästhetischen Genusses im Ziehen von Vergleichen zwischen der Wahrscheinlichkeit der Kunst und der Wahrheit der Natur erblickten[1].

Die Instrumentalmusik, die von den Romantikern bald als „absolut" bezeichnet werden sollte (um zu unterstreichen, dass eben sie jene vollkommene und eigentliche sei), nahm man um die Mitte des 18. Jahrhunderts nicht ernst. Noch vor den Pariser Erfolgen der Komponisten der Mannheimer Schule hielt man die wortlose Musik – namentlich wenn ihr ausdrucksvolles Programm oder Anschaulichkeit fehlte – für eine Anhäufung unbrauchbarer Töne. Die angebliche Unfähigkeit dieser Musik, die menschliche Phantasie anzusprechen, ist Gegenstand der häufig herangezogenen rhetorischen Frage von de Fontenelle „Sonate, que me veux-tu?" („Sonate, was willst du mir sagen?). Mattheson stellt indessen deutlich fest: „Weil nun die Instrumental-Music nichts anders ist, als eine Ton-Sprache oder Klang-Rede, so muß sie ihre eigentliche Absicht allemahl auf eine gewisse Gemüths-Bewegung. richten, welche zu erregen, der Nachdruck in den Intervallen, die gescheute

---

[1] Mehr zu diesem Thema S. Münch: *Reguły i tradycje. Niemieckie dyskusje nad operą od Lessinga do Wielanda*, (in;) *Z problemów preromantyzmu i romantyzmu*, hrsg. von A. Aleksandrowicz, Lublin 1991.

Abtheilung der Sätze, die gemessene Fortschreitung u. d. g. wol in Acht genommen werden müssen."² Mattheson (wie wenn er sich bewusst wäre, dass die wortlose Musik eine anspruchsvollere Kunst sei) fordert von dem Komponisten ausdrücklich einen solchen Einsatz ihm zugänglicher Mittel, „daß der Zuhörer daraus, als ob es eine wirckliche Rede wäre, den Trieb, den Sinn, die Meinung und den Nachdruck, mit allen dazu gehörigen Ein- und Abschnitten, völlig begreiffen und deutlich verstehen möge."³ Man setzte voraus, dass das musikalische Werk immer denselben Effekt auslöst. Wenn es nicht der Fall war, berief man sich auf die antike Konzeption der vier Temperamente, um so die Abweichung von der Regel zu erklären. Wenn jemand also die heitere Musik nicht erkannte, war er ein Melancholiker, der alles, was er hörte, mit seiner traurigen Veranlagung verband. Die Theorie der Affekte und die Temperamentenlehre unterstützten einander und wehrten sich so vor dem Durchbruch der auf der Erfahrung fußenden Erkenntnisse.

Über eine solche Auswirkung der Instrumentalmusik sprachen im nächsten Jahrhundert die Romantiker. In erster Linie waren es Schriftsteller mit philosophischen Interessen, wie z.B. Novalis und die Brüder August Wilhelm und Friedrich Schlegel, Wackenroder und Tieck, dann auch die Komponisten (Schubert, Schumann). Bezeichnenderweise waren es nicht professionelle Musiker, sondern romantische Literaten, die der Tonkunst (die Begriffe *Tonkunst/Tonkünstler* begannen in jener Zeit anstelle von *Musik/Musiker* zu treten) einen Rang verliehen, dessen Grad in anderen weltanschaulichen Systemen keine Parallelen findet. Die absolute Musik (der Begriff erschien um das Jahr 1800) war nach ihrer Auffassung eine von Worten, Programmen und jedweden Außenfunktionen befreite Musik, die aber mit der Expression bzw. mit der Vorahnung des Absoluten assoziiert wurde. Noch Johann Georg Sulzer schrieb in der *Allgemeinen Theorie der schönen Künste* über „die Concerte, Symphonien, die Sonaten, die Solo, die insgemein ein lebhaftes und nicht unangenehmes Geräusch, oder ein artiges und unterhaltendes, aber das Herz nicht beschäfftigendes Geschwätz vorstellen.⁴" Nach Sulzers Ansicht behielten Haydns Symphonien nur dann einen Wert, wenn sie moralische Charaktere darzustellen versuchten. Es war nämlich eine Epoche, in der das Bürgertum die Kunst (Poesie, Theater, auch die Musik) als Werkzeug der Verständigung in Fragen der Moral – also des

---

2 J. Mattheson, *Der vollkommene Capellmeister*, Hamburg 1739, S. 82 [Teil 1, Kapitel 10, § 63: *Stylus symphoniacus*].
3 J. Mattheson, op. cit., S. 208 [Teil 2, Kapitel 12, § 31: Vom Unterschiede zwischen den Sing- und Spielmelodien].
4 J. G. Sulzer: *Allgemeine Theorie der Schönen Künste*, 3. Teil. Leipzig 1793, 2. Aufl., S. 431f. (Reprint Hildesheim 1967)

gesellschaftlichen Zusammenlebens – behandelte. Wenn die Kunst sich scheute, diese Aufgabe zu erfüllen, vermutete man dahinter ein verdächtiges, tieferen Werts beraubtes Spiel. Erst in einer Opposition zu den Anschauungen Sulzers bildete sich der Begriff eines in sich geschlossenen Kunstwerkes heraus, das dem Moralisieren die ästhetische Kontemplation vorzieht.

Das, was man früher der Instrumentalmusik vorwarf (d.h. Begriffs- und Gegenstandslosigkeit), verwandelte sich jetzt in ihren Hauptvorzug. Die Musik wurde unter Beseitigung des „nach außen" gerichteten Worttextes ausschließlich auf die Klangebene eingegrenzt, ohne Gebrauchszweck und ohne Bezug auf die Bedeutungssphäre. Somit lehnte man die platonische Tradition ab, wonach die Bestandteile der Musik *harmonia* (in einem rationalen System erfasste Tonbeziehungen), *rhythmos* (Zeitordnung der Musik) und *logos* (Sprache als Ausdruck menschlicher Vernunft) waren. Es sei hier daran erinnert, dass man noch im 20. Jahrhundert sich nach „verschwiegenen Programmen" zu suchen veranlasst sah, die es angeblich in Beethovens Symphonien gab. Die Konzeption der „Klang-Rede", die Johann Nikolaus Forkel (der erste Biograph Johann Sebastian Bachs) von Mattheson und die dann, am Ende des 18. Jahrhunderts, Wackenroder von Forkel übernahm, diente der Erklärung der Vorzüge der Instrumentalmusik und half bei der Widerlegung des Sulzerschen Vorwurfes, dass sie „das Herz nicht beschäftige". Die hier bereits erwähnten Musiktheoretiker Batteux und Abbé Dubos behandelten sie als Klangmalerei, entsprechend dem vertretenen Grundsatz, dass das einzige, unbestrittene Ziel der Kunst die *mimesis* – Naturnachahmung – sei. Man soll jedoch bedenken, dass Dubos in seinen *Réflexions critiques sur la poësie et sur la peinture* deutlich von der Anregung der Gefühle als eigentlicher Funktion der Kunst spricht. „*Musica movet affectus, provocat in diversum habitum sensus*" (Musik löst Gefühle aus und ruft die Sinne zu mannigfaltigen Vorstellungsmustern auf) – behauptete im 7. Jh. Isidor von Sevilla. Diese Auffassung war in der Zeit des Theologen Dubos gleichermaßen selbstverständlich wie der entgegengesetzte Gedanke, dass nämlich die Musik eine Ton-Mathematik sei.

Viele Theoretiker behandelten jedoch die Instrumentalmusik misstrauisch und reserviert. Zu ihnen gehörte Johann Joachim Quantz, der in seiner Abhandlung *Versuch einer Anweisung, die Flute traversière zu spielen* (1752) unterstreicht, dass die Darbietung der Spieltechnik, wie angenehm sie auch im Ohr des Zuhörers klingt, leer und mechanisch ist, sie weckt momentane Bewunderung, bewegt aber nicht. Auch Johann Adam Hiller hält im ersten Band der *Historisch-kritischen Beyträge zur Aufnahme der Musik* Friedrich Wilhelm Marpurgs „wohlgewählte Sprünge, Läufer, Brechungen und dergleichen" der Virtuosen in der Art eines Tartini ausschließlich für eine Hinterlassenschaft nach dem barocken Übermaß an Effekten, die aber das Herz nicht zu bewegen vermag.

Die in der Epoche der Romantik entwickelte Idee der absoluten Musik hatte auch ihre Gegner, zu denen beispielsweise Hegel und Heinrich Bellermann gehörten[5]. Nach ihrer Auffassung konnte nur die Anlehnung an Worte die Musik davor retten, dass sie sich in (einen zwar angenehmen, doch das Herz nicht bewegenden) Lärm verwandelt, und bedienten sich der Hermeneutik, um in Symphonien, Sonaten und Quartetten ein Programm zu finden.

Wie soll die Musik auf die Zuhörer wirken? Welche Gefühle soll sie erwecken? Auf diese und ähnliche Fragen versuchte Tieck im Brief an Wackenroder zu antworten:

> Longin sagt, etwas Großes hervorzubringen, erfordert eine große und erhabene Seele, ich möchte noch weiter gehn und behaupten, dass es auch einen etwas großen Geist erfordere, das Große und Erhabene zu fassen, kannst Du es Dir sonst erklären, warum das Angenehme und Rührende auf ungleich mehrere Gemüter wirke als das Große und Erhabene? Viele verstehn und finden dieses gar nicht. – Ich kann das Adagio für die Harmonika weit eher ohne Tränen anhören als einen Psalm von Reichardt, bei der Symphonie zu Hamlet und Axur sind mir jedesmal die Tränen in die Augen gekommen, alles Große setzt mich in eine Art von Wut, bei vielen geht es den Ohren vorüber, ohne die Seele anzufassen[6].

Diese Ausführungen Tiecks fanden in den Augen seines Freundes keine Anerkennung. In der Antwort bestand er nämlich auf das Recht des Menschen, Rührung zu empfinden. Es lässt sich konstatieren, dass die Musikästhetik Tiecks ihre Grundlagen in der im 18. Jahrhundert verbreiteten Kategorie der Erhabenheit hat, während Wackenroders Ansichten ihre Basis im Sentimentalismus haben. Kennzeichnend ist die hier vorgenommene Unterscheidung innerhalb der Instrumentalmusik: Adagio (für Glasharmonika) weckt keine Ergriffenheit, im Gegensatz zur Symphonie und zur Ouvertüre. Im ähnlichen Sinne äußert sich E.T.A. Hoffmann:

> Beethovens Musik bewegt die Hebel des Schauers, der Furcht, des Entsetzens, des Schmerzes, und erweckt jene unendliche Sehnsucht, die das Wesen der Romantik ist. Beethoven ist ein rein romantischer (eben deshalb ein wahrhaft musikalischer) Komponist.[7]

In den zwei nachfolgenden Kapiteln werde ich mich bemühen, die Hauptumstände der Geburt der zyklischen Form der Kammermusik mit Klavier und ihre

---

5   Solche Ansichten verkündeten neben Bellermann (in seinem Lehrwerk Der Kontrapunkt) ebenfalls Georg Gervinus und Eduard Grell.
6   W. Wackenroder: *Werke und Briefe* [ferner zitiert als WB], Heidelberg 1967, S. 293f.
7   Ernst Theodor Amadeus Hoffmann, *Schriften zur Musik*, hrsg. von Friedrich Schnapp, München 1963, S. 36.

Entwicklung von Beethoven bis Mendelssohn darzustellen. Anschließend verfolge ich den Prozess der Ausbildung nationaler Stile in der romantischen Musik. Mein Interesse wird der Ausformung dieser Stile in der Musik der slawischen Länder gelten, insbesondere in Russland, in den Kammerwerken Alexander Borodins. Das Thema wird aus vielerlei Perspektiven dargestellt, je nachdem, was ich im Zuge der Arbeit an den Werken Borodins, Mahlers und Schostakowitschs in diversen Stadien der Untersuchung über das 19. Jahrhundert (auch über die frühere Zeit) in Erfahrung bringen wollte, indem ich manchmal auch Seitenpfade verfolgte. Ich hoffe dennoch, dass sich auch von diesen Seitenpfaden aus wesentliche gedankliche und ästhetische Fragen zur kompositorischen Ausführung in der Epoche der Romantik umreißen lassen, auch das Problem, inwieweit individuelle Neigungen und kompositorische Entscheidungen von der Kultur einer Zeit und von ihrem musikalischen Paradigma abhängen. Im Schlusskapitel konzentriere ich mich auf die Betrachtung der Werke Gustav Mahlers und Dmitri Schostakowitschs. Diese Werke, die wichtige Elemente der Entwicklung des Musikstils am Ende des 19. und in der ersten Hälfte des 20. Jahrhunderts aufweisen, erachte ich (jeweils aus anderen Gründen) für die höchsten Errungenschaften in der Entwicklung der behandelten Form.

II. Klavierquintett und Klavierquartett – Geburt einer Form

Jean Paul machte die Äußerung, dass die Essenz der romantischen Poesie, die sich nicht in Worte fassen lässt, nur durch die Musik ausgedrückt werden kann[8]. Sie vermag das, weil sie wortlos ist. Nach der Auffassung von Tieck, die auch Schumann mit ihm teilte, ist die Instrumentalmusik eben deswegen „rein poetisch", weil sie ihre Unabhängigkeit vom Programm, von jeder Literatur bewahrt, keine Geschichte erzählt und keine Charaktere darstellt. Solche Urteile fanden bald allgemeine Verbreitung. Früh erlebten die Kammermusikformen, die im 18. Jahrhundert unbestritten zur bei verschiedenen Anlässen gespielten Gebrauchsmusik gehörten, eine tiefgehende Änderung.

Nicht minder wichtig als die um die Mitte des 18. Jahrhunderts verbreiteten Ansichten über das Wesen und die Funktion der Musik sind die damals erfolgten Änderungen in der Kammermusik mit *Cembalo obligato*. Der Verzicht auf den in der Ensemblemusik bisher notwendigen, durch ein Tasteninstrument realisierten *Basso continuo* erwies sich als durchaus revolutionär – das ermöglichte völlig ungehinderte Entwicklung solcher Formen wie die Symphonie und das Streichquartett. Es ist schwer zu sagen, ob das Verschwinden des *Basso continuo* ein Schlussergebnis ästhetischer Diskussionen und theoretischer Auseinandersetzungen war. Es ist in diesem Punkt eher Alfred Einstein zuzustimmen, der für den Hintergrund dieses Wandels die Konzertpraxis ansah: die dynamische Entwicklung der Freilichtmusik beziehungsweise die Bedingungen ihrer Realisierung, die die Benutzung des Cembalos erschwerten oder gar nicht zuließen[9]. Der Ausschluss des Tasteninstruments änderte die gesamte Konzeption der Kammermusik – durch Belebung der Mittelstimmen, ihre stärkere Verselbständigung und ihren Einschluss in den Dialog.

Als Mozart auf seiner ersten Italienreise im Gasthof in Lodi am 15. März 1770 sein erstes Streichquartett komponierte, blickte diese Form auf eine relativ kurze Geschichte zurück. In der Zeit des *Basso continuo* waren die Oberstimmen und der Bass zwei gegensätzliche Pole: oben eine oder zwei konzertierende Stimmen, denen die thematische Arbeit zufiel, unten der Bass, der an dieser Arbeit mehr oder weniger beteiligt war. Ideales Beispiel einer solchen Konstruktion war

---

[8] Jean Paul: *Vorschule der Aesthetik*, hrsg. von N. Miller und G. Lohmann, München 1959–1963, Bd. 5, S. 466 f.
[9] A. Einstein: *Mozart. Sein Charakter, sein Werk*, Zürich, Stuttgart³ 1953, S. 199.

damals die Triosonate: zwei miteinander dialogisierende oder rivalisierende Geigen sowie Cembalo und Violoncello. Nunmehr sind es vier Streichinstrumente. Die erste Geige, unterstützt durch den Bass des Cellos, übernimmt weiterhin die führende Rolle, eine gewisse Rolle (zunächst nur geringe) beginnen aber bei der thematischen Arbeit auch die zweite Geige und die Bratsche zu spielen.

An Haydn, dessen Quartett-Schaffen ihm möglicherweise noch unbekannt war, knüpfte Mozart in seinem ersten Quartett nicht an. Es gab hingegen eine Anknüpfung an den Mailänder Komponisten einer entschieden älteren Generation, Giovanni Battista Sammartini, der im Galantstil komponierte. Vermutlich von ihm übernahm Mozart die Stimmung der Frische, der Ungezwungenheit und dem Divertimento typischen Unbekümmertheit, ähnlich wie den dreiteiligen Aufbau, den wir sonst noch in den frühen Salzburger Quartetten KV 136-138 und 155-160 wiederfinden. Die etwas später (im Sommer 1773) entstandenen Quartette KV 168-173 sind hingegen ganz anders, da Mozart mittlerweile in Wien op. 17 und 20 von Joseph Haydn kennen lernte. Die insgesamt zwölf Quartette zählenden zwei Zyklen aus den Jahren 1771-72 sind wiederum Zeugnis einer Krise im Schaffen des ältesten der Wiener Klassiker, besser gesagt: Zeugnis der Überwindung des Galantstils. Sie enthalten vierteilige Konstruktionen, unter Beibehaltung des Sonatenschemas. Wenig Zeit brauchten Haydn und Mozart, um den Weg zu bewältigen, der Divertimento, Serenade und Kassation von Quartett und Symphonie trennt. Beide befreien sich instinktiv von der Oberflächlichkeit und der formellen Einfachheit der für „freie Luft" bestimmten Musik, indem sie tiefere und reichere Werke mit einem komplizierteren Aufbau schaffen und sie wieder „in die Salons" einführen.

Dies ist nur eine der Quellen der uns interessierenden Erscheinung. Die zweite, nur scheinbar entgegengesetzte Quelle ist die Kammermusik des 18. Jahrhunderts mit Cembalo- oder Klavierbegleitung. Die Entwicklung verlief hier langsamer, gewissermaßen zögernd. Wenn nämlich im Falle des Streichquartetts die Entwicklung sich auf technisches Können oder gar virtuose Begabung der daran beteiligten Instrumentalisten stützte, so fiel in der Cembalo- oder Klavierkammermusik den Streichinstrumenten eine sekundäre Rolle zu, die entsprechenden Partien übernahmen häufig musizierende Laien. Einstein stellt fest: „Ein Quartett ist für ‚Kenner'; eine Klaviersonate, eine Sonate für Klavier und Violine, ein Klaviertrio oder Klavierquartett für ‚Liebhaber' oder ‚Liebhaberinnen.'"[10]. Sie entstammten meist höheren sozialen Schichten, aristokratischen oder sogar herrschenden Geschlechtern, an den Höfen Europas bestand daher kein geringes Interesse für dieses nicht

---

10 A. Einstein: op. cit., S. 276f.

allzu ehrgeizige, leichtere Schaffen. So kam es zur Entstehung der zwölf Divertimenti für Cembalo und Streicher (darunter für zwei Violinen) von Haydn. Sie wurden in den frühen 1760er Jahren für den Grafen Ferdinand Maximilian von Morzin aus Lukavec komponiert, bei dem Haydn arbeitete. Einfache Streichpartien verweisen ausdrücklich darauf, dass die Ausführenden Laien und nicht die im privaten Orchester des Grafen spielenden Musiker waren.

Unter den damaligen Musikgattungen, die die Streichinstrumente umfassten (die übliche Kennzeichnung der Londoner Verleger lautet „*Harpsichord or Forte Piano*"), behandelte man mit besonderem Ernst die Klaviersonaten mit Violinbegleitung. Es dominierte in ihnen das Cembalo (oder das Klavier), die Violine realisierte hingegen nur ein wenig ausgesuchtes Akkompagnement. Als Stärkung des Basses erschien manchmal in diesen Sonaten das Violoncello. Das Modell für eine solche Form lieferten zwei Sammlungen der *Pièces de Clavecin en sonates avec accompagnement de violon*, die Jean-Joseph Cassanéa de Mondonville, ein in Paris geschätzter Geiger, 1734 als sein Opus 3 publizierte. Manche von ihnen präsentierte er in den *Concerts spirituels*, zum Beispiel die in der Art eines *Concerto grosso* angelegte Sonate op. 3 Nr. 6, wo die beiden Partien der Streichinstrumente der Partie des Soloinstruments entgegengestellt sind. Auf eine mögliche Wandlung dieser Form deutete Mondonville selbst hin, indem er seine Sonate zu einem Quartett umkomponierte und es dann als Orchestralwerk ausführte. Die Dominanz des Tasteninstruments wird eine charakteristische Eigenschaft der Musik etwa seit der Hälfte des 18. Jahrhunderts: „Nach 1750 hatte [...] das Klavier alles zu sagen, und der Geigenpart war so bedeutungslos, so sehr »ad libitum« gehalten, daß man ihn meist wirklich ohne großen Schaden weglassen konnte."[11]. Noch zu Beginn des nächsten Jahrhunderts erfreute sich diese Musik ziemlich großer Beliebtheit. Werke mit Beteiligung von drei oder vier Streichinstrumenten wurden indessen zu Prototypen späterer Klavierquartette und -quintette. Die Musik für derartige, größere Zusammensetzungen schrieben in der besprochenen Zeit die Komponisten aus Mannheim, u.a. Anton Filtz, Franz Xaver Richter, Ignaz Holzbauer, die zur Entwicklung der zwei damals besten Orchester der Welt beitrugen – des Mannheimer Orchesters, das wirklich das größte war, und des Pariser Orchesters, das sich selbst als das größte betrachtete. Auch die beiden Wiener Johann Christoph Wagenseil und Johann Georg Mann oder der in Paris populäre Giuseppe Cambini schufen melodische und heitere Klavierquartette und -quintette. Man muss dabei beachten, dass am Quartett damals zwei Violinen und ein Violoncello teilnahmen, am Quintett dieselben Instrumente und Kontrabass.

---

11 A. Einstein: op. cit., S. 277.

Eine Violine ersetzte man manchmal mit Flöte oder Oboe, die Bratsche wurde hingegen relativ seltener eingeführt. Solche Vergrößerung der Zahl von Instrumenten, die das Tasteninstrument begleiteten, führte dazu, dass die Dominanz des Cembalos oder des Klaviers nicht mehr absolut war; auf die Streicher übertrug man längere Soloabschnitte – so geschieht es in den Quartetten von Johann Schobert, die als *Sonates en quatuor pour le clavecin, avec accompagnement de deux violons et Basse ad libitum* (1767) publiziert wurden. Es sind dies dreiteilige Kompositionen, der einführende Teil hat die Form eines Sonatenallegros; der zweite und dritte Teil sind ein Menuett mit schnellem Finale oder ein langsam gespielter Teil mit einem abschließenden Menuett. Die aus konsequent gebrauchten Wiederholungen der Themen resultierende symmetrische Konstruktion einzelner Teile ist hier ein wenig gestört, der Hintergrund dafür ist die Verlängerung von Phrasen und die gekonnte Einführung von Kadenzen.

Beispiel 1: J. Schobert op. 14 Nr. 1, Teil I
J. Schobert op. 14 Nr. 1, Teil III

Die Kammermusik Schoberts, der in Paris um sich einen kleinen Kreis deutscher Musiker versammelte (Eckard, Raupach, Honnauer u.a.), machte auf den jungen Mozart bei seiner ersten großen Reise nach Frankreich und England einen bedeutenden Eindruck.

Der Aufbau der Quartette von Schobert zeichnet sich durch Einfachheit und kurze Dauer nachfolgender Teile aus, weitaus vielfältigere Konstruktionen findet man hingegen bei Johann Christian Bach. Der jüngste Sohn von Johann Sebastian, auch als „Londoner Bach" bekannt, verblieb mit Karl Friedrich Abel im Dienst der Königin Sophie Charlotte und initiierte in der englischen Hauptstadt Abonnementskonzerte, die einen Anlass zur Einführung vieler Neuerungen im Bereich der Klavierkammermusik und der Symphonie gaben. In seiner postum herausgegebenen Sammlung der Kammermusikstücke befindet sich ein Klavierquartett, zwei Quintette für Klavier, Flöte, Oboe, Geige und Violoncello (statt der Flöte erscheint in dem zweiten die Bratsche) und ein Sextett, wo es neben Klavier, Oboe, Geige und Violoncello auch zwei Hörner gibt[12]. Diese Werke, ähnlich wie seine Trios, weisen gewisse Abhängigkeit von der Form des Klavierkonzerts auf. Ihre ersten Teile beginnen mit dem Tutti, wo dem Klavier die Realisierung des *Basso continuo* in Form von Bassfigurationen zufällt. Die meisten Soloabschnitte des Klaviers erfolgen ohne Begleitung der Partner bzw. bei leichtem Akkompagnement der Streichinstrumente[13].

Beispiel 2: J. Ch. Bach Quartett in G-Dur, Teil I

---

12 Die Autorschaft des Sextettes ist zweifelaft, vgl. E. Warburton: *The Collected Works of Johann Christian Bach*, Vol. 41 "Music for Five and Six Instruments", New York and London 1986, S. vii-ix.
13 Por. B. Smallman: *The Piano Quartet and Quintet. Style, Structure and Scoring*, Oxford 1994, S. 7f.

Beispiel 2: (Continued)

Der Kontext des „Londoner Bach" erscheint insoweit wichtig, als Mozart unter vielen zeitgenössischen Komponisten eben Johann Christian besondere und anhaltende Wertschätzung entgegenbrachte. In seinen kammermusikalischen Werken berücksichtigte auch Mozart – im Einklang mit der Tradition – die Möglichkeit der Wahl eines Tasteninstruments, mit einem Vermerk etwa, wie man ihn in dem von Franz Anton Hoffmeister veröffentlichten Quartett g-Moll KV 478 „*Quatuor pour le Clavecin ou Forte Piano, Violon, Taille et Basse*" vorfindet[14]. Auch in dem von Carl Artaria publizierten Quartett Es-Dur KV 493 findet man die Bemerkung „*per il clavicembalo o Forte Piano*"[15]. Von Vorhinein auszuschließen ist trotzdem mit aller Bestimmtheit die Vermutung, dass Mozart an eine Ausführung dieser Werke mit dem Cembalo dachte, auch wenn er bis zum Lebensende in den Partituren die Klavierpartie mit dem Wort *cembalo* kennzeichnete. Er war ein großer Pianist seiner Zeit, einer der hervorragendsten Virtuosen des ausgehenden 18. Jahrhunderts, wenn auch nicht in dieser Bedeutung, die man dann in der romantischen Epoche dem Virtuosen einzuräumen begann. Gedacht hat er also an ein Wiener Klavier aus der Epoche (beispielsweise von Späth, Walter, Stein oder Rosenberger) mit klarem, selektivem Klang, etwa mit der von Stein entwickelten Prellmechanik[16]. Dank Mozart eben begann das Klavier, ein Instrument, das hauptsächlich von Laien bedient wurde, die primäre Rolle in der Kammermusik zu spielen.

---

14 L. von Köchel: Chronologisch-thematisches Verzeichnis sämtlicher Tonwerke Wolfgang Amadeus Mozarts, Leipzig 1980, S. 600.
15 B. Smallman: op. cit., S. 11.
16 A. Einstein: op. cit., S. 275-276.

Ein Klavierwerk mit Beteiligung von mehr als zwei Streichinstrumenten wird bei Johann Christian Bach regelmäßig zu einem Konzert umkomponiert. Mozart hält Bachs kammermusikalisches Werk für das stilvollste seiner Zeit, in eigenen einschlägigen Kompositionen stellt er aber an den Pianisten hohe virtuose Anforderungen. Gleichzeitig engagiert er für die thematische Arbeit drei Streicherstimmen in einem viel höheren Grad, als es die früher erwähnten musizierenden Laien hätten erwarten können. Dabei ist es keine gesellige Kunst, die nur dem angenehmen Zeitvertreib dienen würde, sondern eine ernste und tiefe Musik (die g-Moll-Tonart ist bei Mozart – wie wir aus seinen zwei Symphonien wissen – eine Schicksals-Tonart). Das Anfangsmotiv des *Allegros* hält Einstein für ein Pendant des vier Takte umfassenden „Schicksals-Motivs" aus Beethovens Fünfter Symphonie.

Beispiel 3: Mozart Quartett g-Moll KV 478, Teil I

Der zweite musikalische Gedanke, mit vom Komponisten markiertem, untypischem Akzent (etwas in der Art eines $^5/_4$-Taktes), wird vom Klavier eingeführt. Eine breite expressive Spannweite, in der es Raum sowohl für lyrische als auch dramatische Stimmung gibt, erzeugt der Komponist zunächst in der Durchführung und dann auch in der Reprise, die zu einer in sich geschlossenen Coda führt; dabei nutzt er Abwandlungen des ersten Themas. Das *Andante* ist zart und sensibel, es weist eine ideenreiche Instrumentierung auf und stützt sich auf eine Sonatensatzform ohne Durchführung. Das Klavier führt hier das erste (Kantilenen-)Thema ein, das zweite ist auf die Streichinstrumente übertragen. Das *Rondo* im Finale enthält umfangreiche, glanzvolle Abschnitte für Klavier solo oder nur für Streichtrio.

Das zweite der ursprünglich geplanten Quartette[17] zeichnet sich durch ein klares Kolorit aus, es ruft aber stets dunklere Farben herbei. Der einführende Teil ist ein Sonatenallegro mit drei Themen. Das erste Thema führt das Klavier ein – es ist ein pathetisches Akkordthema mit gesenkter siebenter Stufe der Tonleiter mit anschließendem lyrischem Element. Kennzeichnend für das zweite Thema ist das in diesem Teil zu vielen Malen wiederholte Motiv mit Doppelschlag (*gruppetto*) als Verzierung. Der dritte Gedanke ist typisch kantilenenhaft. Diese zwei Themen werden von Streichern eingeführt. Das in der As-Dur-Tonart gehaltene *Larghetto* ist voller Figurationen und Ornamente, die eine dialoghafte Opposition zwischen dem Klavier und den drei Streichinstrumenten herstellen. Dieses für den konzertierenden Stil charakteristische Element erscheint auch in den Klavierfigurationen der Coda. Ungeachtet deutlicher Dominanz des Klaviers exponiert das Finalrondo (*Allegretto*) in Partien aller Instrumente erneut das virtuose Element.

Beispiel 4: Mozart Quartett Es-Dur KV 493 Finale

---

17 Nach dem Zeugnis von Georg Nicolas von Nissen (dem Ehemann der Witwe nach Mozart) bestellte Hoffmeister bei Mozart drei Quartette, von denen er nur das erste publizierte – KV 478; das zweite erschien bei Artaria. Vgl. Einstein: op.cit., S. 304.

Beispiel 4: (Continued)

Mozart komponierte ebenfalls Streichquintette und Quintette mit gemischter Besetzung, wie zum Beispiel: *Quintett Es-Dur* KV 407, *Klarinettenquintett A-Dur* KV 581 oder *Adagio und Rondo für Glasharmonika, Flöte, Oboe, Viola und Violoncello c-Moll* KV 617, auch Sextette für Blasinstrumente. Diese Kompositionen hingen eng mit den Lebensumständen Mozarts und mit der bereits erwähnten Entwicklung zusammen, die die Kammermusik erlebte. Die für den Hof des Fürsterzbischofs Colloredo komponierten Sextette entstanden in den Jahren 1775-77 in Salzburg als zum Vortrag in freier Luft bzw. in Salons bestimmte typische Gebrauchsmusik. *Das Quintett für Horn, Violine, 2 Violen und Violoncello Es-Dur* war für Joseph Ignaz Leitgeb bestimmt, einen Salzburger Hornisten, der auch im Käsehandel Erfolg hatte[18]. Die handschriftlich erhalten gebliebenen Konzerte für Horn verraten, dass Mozart sich über Leitgeb lustig zu machen pflegte: „Wolfgang Amadé Mozart hat sich über den Leitgeb Esel, Ochs und Narr erbarmt zu Wien den 27. May 1783" und ihm in sein Werk geschrieben[19]. Ein anderes mit dem Kreis von Freunden und Bekannten Mozarts verbundenes Werk ist das für Anton Stadler komponierte Klarinettenquintett und das Adagio und Rondo für Glasharmonika für Marianne Kirchgässner, eine blinde Virtuosin dieses Instruments. Dank ihrer Konzertreisen wurde dieses Werk (ähnlich wie das kleine *Solo-Adagio* KV 356) in Europa bekannt.

Bei stärker besetzten kammermusikalischen Werken erscheint das Klavier nur im *Quintett Es-Dur* KV 452, wo seine Partner Oboe, Klarinette, Horn und Fagott sind. Dieses Wiener Quintett aus dem Jahr 1784 war für die Fastnachtskonzerte im Burgtheater bestimmt und Mozart schrieb über es im Brief an den Vater: „ich selbst halte es für das beste was ich noch in meinem Leben geschrieben habe"[20].

---

18 In manchen Beiträgen gibt es die Namensform Leutgeb, ich übernahm aber Schreibweise, die u.a. bei Einstein und im Köchel-Verzeichnis verwendet wird.
19 L. von Köchel: op. cit., S. 522.
20 L. von Köchel: op. cit., S. 572.

Tatsächlich ist das prachtvolle Quintett voller Schwung und Glanz. Bereits früher schrieb Mozart konzertierende Werke für Blasinstrumente, wie die für die Solisten aus Mannheim bestimmte *Sinfonia concertante* KV 297b (=Anh. 9), in der es beispielsweise Anknüpfungen an den Stil Cannabichs gibt. In der Komposition stellt man nicht nur Reminiszenzen an den Mannheimer Stil fest, sondern auch Mozarts Bestreben, die Klavierpartien zu exponieren. Ihr virtuoser Charakter resultiert ebenfalls daraus, dass der Künstler in derselben Zeit an einer Serie von Konzerten (KV 449-451, 453, 456, 459) arbeitete. Der *concertante*-Stil in der Klavierpartie verbindet sich meisterhaft mit raffiniertem Einsatz von Blasinstrumenten. Diesen Farbenreichtum des Klangs der Bläsergruppe kann man bereits im *Largo* bemerken, das dem einleitenden *Allegro moderato* vorausgeht. Eben hier, ähnlich wie im Finalrondo (*Allegretto*), erscheint die konzertierende Opposition des Klaviers und der Blasinstrumente; im Finale spielt das Klavier ansonsten eine Kadenz. Dem mittleren *Larghetto*, ähnlich wie dem Teil I, wurde die Form einer Sonate verliehen. Von der Beliebtheit dieses Quintetts zeugt der Umstand, dass bei Simrock (und früher vielleicht bei Hoffmeister) eine Version für Klavier, Violine, Bratsche und Violoncello im Druck erschien. Dieses „Arrangement" war mit Bestimmtheit kein Werk Mozarts, vielleicht rührte es von seinem Schüler, Franz Jacob Freistädtler, her[21].

Beim Komponieren zyklischer Formen der Kammermusik mit Klavier griff Mozart zurück und verarbeitete in vorzüglicher Weise einige Inspirationsquellen: Kammermusik mit Cembalo, die er in Frankreich kennen lernte, Kompositionen von Johann Christian Bach und der Schule aus Mannheim, *concertante*-Stil und Klaviervirtuosität – gleichzeitig erreichte er aber hervorragende Proportionen kammermusikalischer Mitwirkung. Man sieht hier deutlich, dass das Gleichgewicht zwischen dem Klang des Klaviers und seiner Partner sich so schwer im Falle eines Klaviertrios, beim Quartett und Quintett erreichen lässt.

---

21 L. von Köchel: op. cit., S. 572.

III. Zwischen Klassik und Romantik

In seinen zwei Klavierquartetten und im *Quintett Es-Dur* gelang es Mozart, das Problem des Gleichgewichts zwischen dem Klavier und den sonstigen Instrumenten zu lösen, unabhängig davon, ob es ausschließlich Blasinstrumente oder Streicher waren. Als Komponist von Klavierkonzerten, in denen ihm ein idealer Dialog zwischen Solo und Tutti gelang, sorgte er gleichzeitig dafür, dass die Klavierpartien in den Kammerwerken einen virtuosen Charakter haben. Eine ähnliche Intention hatte Beethoven ebenfalls in den Quartetten und im Klavierquintett.

Die 1785 beendeten drei Quartette WoO 36 für Klavier, Violine, Viola und Violoncello schrieb Beethoven vermutlich unabhängig von analogen Quartetten Mozarts aus derselben Periode. Sie sind Werk eines fünfzehnjährigen Komponisten und entstanden zweifelsohne unter dem wachsamen Auge seines Lehrers, Christian Gottlob Neefe. Man kann in ihnen gewisse Ähnlichkeiten zu späten Werken Carl Philipp Emanuel Bachs erkennen, etwa zu seiner Sonate für Tasteninstrument, Violine und Violoncello (Wotquenne 89-91)[22]. Sie weisen einen dreiteiligen Aufbau auf und die Faktur zeichnet sich durch die deutliche Privilegiertheit des Klaviers aus, auf das der Komponist die Einführung der Themen übertrug. Viele Figuren in den Streichinstrumenten sind von der Tastatur abgeleitet und die Partie des Violoncellos beschränkt sich häufig auf die Doublierung der linken Hand des Pianisten. Das erste dieser Quartette, in der Es-Dur-Tonart, beginnt mit einem *Adagio assai*, das viele Abschnitte mit dem Klavier in der Hauptrolle enthält. *Attacca* geht es in ein motorisches *Allegro con spirito* mit einfacher Faktur und kurzer Durchführung über. Der Finalteil (*Tema. Cantabile*) mit sechs Variationen und einer nur wenig ausgebauten Coda ist dem Charakter nach ziemlich einheitlich – eine Ausnahme ist die fünfte Variation mit punktiertem Rhythmus und Passagentechnik in der Klavierpartie. Das Klavier dominiert stark im Finalrondo (*Allegro*) im zweiten Quartett D-Dur. Das *Allegro vivace*, mit dem das Quartett C-Dur Nr. 3 beginnt, hat zwei effektvolle Themen (das zweite von ihnen erscheint dann in der *Klaviersonate C-Dur op. 2 Nr. 3*) und zahlreiche Verzierungen. Die Figurationen des Klaviers verleihen dem langsamen Teil Charakter und Ausdruck (*Adagio con espressione*) und das Finalrondo (*Allegro*) bringt eine verspielte Atmosphäre. Die in diesen drei Quartetten zahlreich

---

22 Schwer nachzuweisen ist, ob der junge Beethoven direkte Berührung mit dem Schaffen C.Ph.E. Bachs hatte. Zweifelsfrei kannte er jedoch die Flötenquartette (mit Klavier) von Josef Anton Bauer, den er noch in Bonn kennen lernte.

erscheinenden dynamischen Kontraste zeigen einen Einfluss der Komponisten der Mannheimer Schule an.

Beethoven schrieb noch ein viertes Quartett für dieselbe Besetzung (in der Es-Dur-Tonart), indem er das eigene Quintett für Klavier und Blasinstrumente op. 16 transkribierte. Dieses Werk entstand über zehn Jahre später (zum ersten Mal wurde es – unter Beteiligung des Komponisten – im April 1797 beim Fürsten von Lobkowitz aufgeführt). Allgemein wird angenommen, dass Beethoven in seinen jungen Jahren mit Vorliebe an das Schaffen anderer Komponisten anknüpfte (insbesondere Haydns und Mozarts) und dabei Freude an einem besonders gearteten Wettbewerb fand. So war es möglicherweise mit dem *Quintett Es-Dur op. 16*, das man mit dem Mozartschen *Klavierquintett KV 452* (in derselben Tonart) assoziiert. Möglich ist das, auch wenn Beethoven im Allgemeinen eine offene Rivalität mit Mozart vermied, da er spürte, dass man bei Mozart nur wenige Sachen „besser machen" könnte[23]. Wie es dem auch sei: Im Beethovenschen Opus 16 ist die Opposition zwischen dem Klavier und den vier Blasinstrumenten noch ausdrücklicher als bei Mozart. Beispielsweise im *Grave* (Teil 1) ist die Art der Entwicklung des dominierenden Tanzthemas einem Klavierkonzert nachgebildet; im mittleren *Andante cantabile* haben wir zunächst eine breite, kantilenenhafte Klavierphrase und später in den Episoden zahlreiche Reminiszenzen an eine Sonate für ein Blasinstrument mit Klavier. Auch das *Allegro ma non troppo* im Finale stützt sich auf einen Dialog zwischen dem Klavier und den Bläsern.

Beethoven kehrte niemals zur Form eines Klavierquartetts oder Klavierquintetts zurück; neben dem Streichquartett hielt er das Klaviertrio für das Ideal der Kammermusik. Kennzeichnend ist, dass Beethoven für sein kompositorisches Debüt als op. 1 eben drei Trios wählte[24]. Später kehrte er zu dieser Form zurück und schuf ihre hervorragenden Beispiele: zwei Trios op. 70 und das Trio B-Dur op. 97, bekannt als Erzherzog-Trio (wegen der Widmung an den jüngeren Bruder des österreichischen Kaisers, Erzherzog Rudolph[25]).

Einen bedeutenden Einfluss auf die Entstehung entwickelter Faktur des Klaviertrios hatte als formales und als Ausdrucksmittel die Dynamik, da sie zur Steigerung des Klangvolumens und somit zur gänzlichen Selbstständigkeit der Partien einzelner Instrumente beitrug. Über eine ebenbürtige Bedeutung aller Instrumente kann man sogar dann sprechen, wenn Beethoven vielfache

---

23 A. Einstein: op. cit., S. 128.
24 Das dritte von ihnen, *Trio c-Moll*, gefiel Haydn nicht, der von der Veröffentlichung abriet.
25 Dem Erzherzog Rudolph widmete Beethoven ebenfalls das 4. und 5. *Klavierkonzert* und die *Missa solemnis*.

Oktavverdoppelungen verwendet, also *Tuttis*, weil dem Klavier sofort melodisch selbstständige Geigen- und Cellopartien entgegengestellt werden[26]. Eine wichtige Rolle spielte bei der Gestaltung der Selbstständigkeit von Instrumenten die Tradition der Polyphonie. Ziemlich oft führt Beethoven beim Violoncello den figurativen Kontrapunkt ein, so etwa im *Allegro con brio* aus dem *Trio B-Dur op. 11*[27]. Das *Allegretto* im Finale dieses Trios ist ein Variationszyklus zum Thema *Pria ch'io l'impegno* aus der Oper von Joseph Weigl *Der Korsar*, einer derart beliebten Melodie, dass Paganini sie noch 1828 für die *Sonate mit Variationen* für Violine mit Orchester verwendete. Eben die Variationsform begünstigte die Behandlung der Instrumente als Soloinstrumente: des Klaviers (Variation I) oder des Violoncellos mit Klarinette im Kanon (Variation II). Die Polyphonie tritt bei Beethoven sowohl in transparenten Strukturen als auch in dichten melodischen Verflechtungen in Erscheinung, die homophone Faktur hingegen in Form einer entwickelten Figuration oder eines Tremolos; dieses bildet meist einen Hintergrund für das motivische Spiel des Violoncellos und der Geige, eine breite Spannweite der Dynamik ist wiederum häufig ein Ergebnis des entwickelten Beethovenschen Crescendos (langsamer Teil des *Trios D-Dur op. 70 Nr. 1*). Eben das *Largo assai ed espressivo* zeichnet sich durch außergewöhnliches Kolorit aus, vor allem dank dem Klavier. Die Verwendung kleiner Werte (Vierundsechzigstelnoten), die die Motorik steigern, Tremoloeffekt und tiefes Register (bis F) führen zum Verschwimmen der Konturen von Phrasen und verleihen ihnen spezifischen Klang. Stellenweise erstreckt sich die Skala der Klänge in der Klavierpartie über vier Oktaven, im Vordergrund erklingt der Dialog der Violine mit dem Violoncello.

Im *Trio Es-Dur op. 70 Nr. 2* kündigt das Klavier bereits im einleitenden *Poco sostenuto* Mittel an, deren es sich im weiteren Verlauf dieses Teils bedienen wird: Triller und rokokohafte Figurationen (brauchbar für die Unterstreichung tänzerischen und anmutsvollen Charakters). Im Teil II wiederum (*Allegretto*) dient die Akkord- und Figurationstechnik dem Aufbau dramatischer Kulmination. Die weitgespannte Form eines „großen Scherzos" bestimmt den dritten Teil (*Allegretto ma non troppo*), der aus einem dreimal wiederkehrenden Hauptabschnitt besteht – jeder Wiederkehr geht ein Trio voraus, den Abschluss bildet eine Coda. Das *Allegro* im Finale, voller Energie und Motorik, hat stellenweise orchesterhaften Klang und Soloepisoden in allen, ebenbürtig behandelten Instrumenten.

---

26 J. Chomiński, K. Wilkowska-Chomińska: *Wielkie formy instrumentalne*, Kraków 1987, S. 284.
27 Beethoven ersetzt in diesem Werk die Geige durch eine Klarinette, ohne dass dies einen Einfluss auf die Konzeption der Form hätte.

Das *Trio B-Dur op. 97* wird für das vollkommenste seiner Gattung erachtet. 1814 zum ersten Mal aufgeführt (es war einer der letzten Auftritte Beethovens als Pianist) exponiert es seit Anfang an das virtuose Klavier, aber auch das Violoncello hat hier seine glanzvollen Abschnitte. Das *Allegro moderato* (Teil I) führt ein Thema ein, das sich auf ein Akkompagnement mit festem Rhythmus stützt, welches (in ununterbrochener Entwicklung begriffen) zunächst Sanftheit und stille Dynamik aufweist. Das zweite Thema entfaltet zunächst das Klavier, es wird dann durch die Streichinstrumente aufgegriffen, bis anschließend alle Instrumente einen breiten Klangraum erschaffen. In der Durchführung und in der Reprise nutzt man wiederum Motive des Hauptthemas, seine neue Variante erscheint in sehr effektvoller Bearbeitung in der Reprise und ist auf die Streicher übertragen.

Das fünfteilige *Scherzo* mit einer Coda (Allegro) bringt variationsartige Abwandlungen des Hauptthemas, sanfte Akkordbewegung, anschließend Elemente kontrapunktueller Bearbeitung; auf der Klangebene kommt es zur gegenseitigen Verschmelzung des Klaviers und der Streicher. Das *Andante cantabile ma però con moto* (Teil III) ist ein entzückendes Beispiel der Beethovenschen Variationstechnik. Das Klavier führt ein Thema voller sensibler Einfachheit ein, um es bald im Wechsel mit dem Violoncello abzuwandeln. Akkordtriolen mit Klangrepetitionen in der Variante III gehen einer Kantilene und einer nocturnehaften Coda voraus. In das Finale (*Allegro moderato*) geht es *attacca* über und in diesem tänzerischen heiteren Rondo wird das Klavier zum Teil durch die Streichinstrumente kontrapunktiert.

Beethovens Kammermusik mit Klavier zeichnet sich durch Symphonisierung des Klanges aus. Bei der Betrachtung der Art der Gestaltung der Klavierpartie kann man die Verwendung virtuoser Elemente wahrnehmen, die mit der thematischen Entwicklung des Werkes zusammenhängen und die Faktur um der Vertiefung der Kontraste zwischen einzelnen Komponenten der Form willen bereichern. Der Komponist verwendet auch dynamische Mittel, die als inkonsequent erscheinen können – ein *Sforzato* im leichten Teil des Taktes, ein *Crescendo*, das mit einem piano oder *pianissimo* endet, bzw. ein *Decrescendo*, das *forte* zu enden hat. Er entdeckt ebenfalls das Ausdruckspotenzial, das sowohl im Klangvolumen als auch im Akkord und in Verdoppelungen verborgen ist. Im Gegensatz zur Mozartschen Tradition (rascher Wechsel von Tönen) erscheint die getragene Kantilene.

Für die in der besprochenen Zeit komponierte Kammermusik mit Klavier interessierte sich auch Jan Ladislav Dusik[28] und sein königlicher Protektor (zeitweise auch Schüler) Prinz Louis Ferdinand von Preußen, Neffe Friedrichs II. Dieser

---

28 Diese Form des Namens verwende ich im Einklang mit der Encyklopedia Muzyczna PWN (Vol. 2, S. 489); in der fremdsprachigen Fachliteratur (vide B. Smallman) erscheint auch die Schreibform Dussek.

in Prag ausgebildete Pianist und Komponist absolvierte eine Reihe Konzertreisen. Er trat unter anderem in Hamburg (hier befreundete er sich mit C. Ph. E. Bach), in den österreichischen Niederlanden, in Holland und auch in Polen auf. Hier hielt er sich am Hofe des Fürsten Karol Radziwiłł in Nieśwież auf, von wo aus er mit der Schwägerin des Fürsten nach Tilsit floh. In der späteren Zeit gab er in Paris, Berlin, Mainz und Petersburg und in italienischen Städten Konzerte mit Klavier und Glasharmonika. Von Haydn geschätzt verband sich Dusik zu Beginn des 19. Jahrhunderts mit dem Hof des Prinzen Louis Ferdinand, der (unabhängig von der militärischen Karriere) ein talentierter Pianist und Komponist war. Er fiel aber im jungen Alter in der Schlacht mit napoleonischen Truppen bei Saalfeld am Fuße des Thüringer Waldes und hinterließ nur wenige Werke[29]. In dieser Zahl befindet sich ein Quintett, zwei Quartette und drei Trios mit Klavier[30]. Es sind Werke eines Amateurs, wennschon eines gut ausgebildeten: mit einem wenig differenzierten Aufbau, mit einer Tendenz zur Wiederholung von Themen statt zu ihrer Entfaltung, eher weitschweifig und auf wenig innovative Melodien gestützt. Gleichzeitig kann man aber in ihnen den ehrgeizigen Versuch wahrnehmen, die zyklische Form zu beherrschen, kühne Harmonien und interessante Modulationen zu entfalten; vor allem ist aber festzustellen, dass sie auf eine absolut pianistische Art geschrieben wurden. Das pianistische Bewusstsein des Fürsten Louis Ferdinand gebot ihm, auf rein technisches Brillieren zu verzichten, welches Mozart bei Muzio Clementi so sehr störte[31]. Nach seiner Ansicht soll die „mechanische" Virtuosität immer höheren musikalischen Zielen untergeordnet sein. Ich erinnere an seine Musik vor allem aus dem Grund, dass sich für sie solche Tonkünstler wie Weber, Hummel, Spohr, Mendelssohn oder Schumann interessierten – der Letztere nannte den Prinzen einen „*Romantiker der klassischen Zeit*"[32]. Sein *Quintett c-Moll op. 1* für zwei Violinen, Viola, Violoncello und Klavier besteht aus vier Teilen, ähnlich wie die Trios Beethovens aus dem Jahr 1795. Die Streichinstrumente, auch wenn ziemlich deutlich der übergeordneten Rolle des Klaviers untergeordnet, übernehmen sporadisch Soloaufgaben, beispielsweise in den zweiten Themen, im langsamen Teil fällt wiederum dem Violoncello ein effektvolles Solo in der ersten Variation zu.

---

29 Beethoven, der sein 3. *Klavierkonzert* dem Prinzen Louis Ferdinand widmete, hielt ihn (nach der Aussage von F. Ries) für einen recht guten Klavierspieler; vgl. W. Thayer: *The Life of Ludwig van Beethoven*, London 1960, S. 196f.
30 Die Trios des Prinzen Louis Ferdinand von Preußen publizierte 2005 die Plattenfirma MDG (Dabringhaus und Grimm).
31 A. Einstein: op. cit., S. 275.
32 B. Smallman: op. cit., S. 26.

Die höchste Anerkennung genießt unter den Werken des Prinzen Louis Ferdinand das *Klavierquartett f-Moll op. 6*, das edle melodische Ideen mit subtiler Tonalität verbindet, so etwa in den Modulationen der Durchführung des ersten Teils, wo das Hauptthema von der b-Moll-Tonart zur Grundtonart zurückkehrt.

Beispiel 5: Prinz Louis Ferdinand von Preußen Quartett f-Moll op. 6, Teil I

Interessant ist auch das *Adagio lento e amoroso* (Teil III) mit Klavierpartie im Stil langsamer Teile zeitgenössischer Sonaten von Beethoven (z.B. das Adagio aus der *Sonate B-Dur op. 22*). Dieser Teil verbindet sensible Wärme des Ausdrucks mit präziser Formdisziplin, die nur für kurze Zeit durch die Einführung der Klavierkadenz vor der Rückkehr des Hauptthemas im Abschluss erschüttert wird.

Den Spuren des Prinzen Louis Ferdinand folgte fast sofort Karl Maria von Weber, der nach Franz Grillparzers Auffassung „*ein poetischer Kopf, aber kein Musiker*" war[33]. Sein *Klavierquartett B-Dur op. 8* (bekannt als „*Grand Quatuor*") entstand abschnittsweise: zunächst das *Adagio Es-Dur* für Klavier und Streicher,

---

33 Vgl. A. Einstein, *Grösse in der Musik,* New York 1941, S. 41.

dem Weber den ersten, auf das Schema eines Sonatenallegros gestützten Teil, ein Menuett mit Trio (als Teil III) und ein effektvolles Finale beifügte. Die Partie des Klaviers dominiert über die anderen, sie ist glanzvoll und konzertant, wenn auch nicht so ostentativ, wie in anderen zeitgenössischen Werken des *Stile Brillante*; die Streicher wiederum übernehmen diverse kleinere Abschnitte, sowohl lyrische als auch lebhaft bewegende. Im Finale (*Presto*) verwendete Weber in der Coda einen fugierten Abschnitt mit einem Fugenthema, das eine Wiederholung des ersten Gedankens des Hauptthemas dieses Teils ist – das diente wohl als Anregung für Schumann, der in seinem *Quintett Es-Dur* nach einer ähnlichen Lösung griff. Neben dem heute am häufigsten aufgeführten *Klarinettenquintett B-Dur op. 34* komponierte Weber ebenfalls das *Trio g-Moll op. 63* für Klavier, Flöte und Violoncello.

Beispiel 6: C. M. von Weber Quartett B-Dur op. 6 Finale

Eine wichtige inspirierende Rolle spielte bei der Ausbildung des romantischen Idioms der Klavierkammermusik (ungeachtet des späteren Interesses Schumanns für Webers Musik) Franz Schuberts *Quintett A-Dur „Forellenquintett"* *D 667* für Klavier, Violine, Viola, Violoncello und Kontrabass. Es entstand auf Bestellung von Silvester Paumgartner, einem Amateur-Cellisten, der sich für das Lied *Die Forelle* begeisterte und den Komponisten nicht nur um einen Teil mit Variationen dieses Liedes, sondern um ein zyklisches Werk bat, das – der Besetzung und der Struktur nach – an das Quintett von Hummel anknüpfen würde[34]. Das *Forellenquintett* gehört zu den bekanntesten kammermusikalischen Werken Schuberts und seine Beliebtheit verdankt es der Heiterkeit, melodischer Invention und wandelbarer Instrumentierung, die über den Anmut des Klangs entscheidet. Das Klavier realisiert im *Andante* im Kanon mit Violine reiche Ornamentik, im *Scherzo* führt es einen Dialog mit den Streichinstrumenten. Ähnlich wie bei Hummel ist der Teil III ein Zyklus von Variationen über Schuberts Lied. Das Klavier ist hier an der Variierung des Hauptthemas beteiligt, um im Schluss-*Andantino* sich auf ein illustratives Akkompagnement zu konzentrieren. Seine Partie nimmt schließlich im Finale (*Allegro giocoso*) virtuose, sehr bewegte Züge an.

Die dreiteiligen Klaviertrios von Johann Nepomuk Hummel aus den Opera 2, 12, 22 und 35 knüpfen an die Musik von Mozart und Haydn an, die späteren hingegen (Opera 83, 93 und 96) haben eine virtuose Klavierpartie, die für den *Stile Brillante* charakteristisch ist.

In den Formen mit größerer Besetzung, wie z.B. das *Klavierquintett Es-Dur op. 87* und *Septett d-Moll op. 74*, begegnen wir einer konzertierenden Klavierpartie. Das vierteilige Quintett mit Kontrabass anstatt zweiter Violine zeichnet sich durch eine ziemlich skurrile Grundtonart aus, da drei seiner Teile (außer dem langsamen) faktisch in einer Moll-Tonart gehalten sind. Da er das Hauptthema des ersten Teils in es-Moll und das zweite in A-Dur begann, war Hummel – um weitere Ketten der Sonatenform logisch zu konstruieren – zu sonderbaren Modulationen gezwungen. Nach dem Menuett und dem Trio in traditioneller Form folgt der langsame Teil, dessen expressives Thema im Klavier stellenweise an romantische Lyrik erinnert, eine Sequenz zarter Ornamente führt *attacca* zum Finale über. Die für Hummel charakteristische Vorliebe für Moll-Tonarten bringt im Ergebnis ein spezifisches Kolorit.

---

34 Es ging hier um eine Version des *Septetts d-Moll* Hummels für Klavierquintett, die der Komponist selbst schuf, und nicht – wie es viele Kommentatoren vermuteten – um das bekanntere *Quintett Es-Dur*; vgl. B. Smallman: op. cit., S. 29.

Beispiel 7: J. N. Hummel Quintett Es-Dur op. 87 Teil I

Das zweite angesprochene Werk, das *Septett d-Moll*, mit ungewöhnlicher Besetzung (Klavier, drei Bläser – Flöte, Oboe, Horn und drei Streicher – Bratsche, Violoncello, Kontrabass), erlangte große Beliebtheit und vom Komponisten selbst wurde es zum Klavierquintett umgearbeitet. Dieses von Chopin hoch geschätzte Werk gibt es auch in einer Transkription von Liszt. Der Anfang (*Allegro con spirito*) erinnert an ein Klavierkonzert – nach einem viertaktigen *Tutti* wird vom Klavier das Hauptthema eingeführt. Zusammengedrängte Figurationen gehen dem Nebenthema in der Hornpartie voraus, bald aber wird es aufgegriffen und vom Pianisten weiterentwickelt. Im dritten Teil vermisst man den tänzerischen

Charakter und die Virtuosität dominiert dermaßen stark, dass nur das dreiteilige Metrum an die Kennzeichnung *Menuetto e scherzo* erinnert. Der langsame Teil ist hingegen ein Variationszyklus, die vierte Variation ist dabei eine effektvolle Kadenz des Klaviers. Das Finale besteht aus einer Verbindung des Rondos mit einer Sonatenform mit starker instrumentaler Differenziertheit und abwechslungsreicher Faktur (zwei kurze Fugati).

Sowohl Schubert als auch Hummel trugen im gewissen Grad zur Entwicklung der Form des Klavierquartetts bei. Das *Adagio* und das *Rondo concertante* D 487 von Schubert (ähnlich wie die erhalten gebliebenen Fragmente des *Quartetts G-Dur* von Hummel (*Andante cantabile* und *Allegro con spirito*) bieten dem Pianisten Gelegenheit, ein glanzvolles Spiel zu demonstrieren. Man kann also annehmen, dass die frühromantische Konzeption dieser Gattung sich auf die Ästhetik des Stile Brillante stützte.

Als aktiver Pianist war Felix Mendelssohn-Bartholdy über das ganze Leben lang an den Aufführungen der Kammermusik beteiligt. Es waren öffentliche Konzerte und private Auftritte in den Salons. Seine kammermusikalischen Kompositionen mit Klavier entstanden in den Jugendjahren: das Trio c-Moll, vier Quartette und ein Sextett. In diesen Werken gibt es sehr glanzvolle Klavierpartien und den Streichinstrumenten fällt die melodische Rolle zu. Auch das *Sextett D-Dur* (1824) mit untypischer Besetzung (zweite Bratsche anstatt der Violine) erinnert deutlich an ein Klavierkonzert, besonders in den Randteilen.

Beispiel 8: F. Mendelssohn Sextett D-Dur Tl. I

Beispiel 8: *(Continued)*

Viel reifer, durchdachter, auf raffiniertes Mitwirken von Instrumenten gestützt sind zwei Trios aus der späteren Zeit: d-Moll op. 49 und c-Moll op. 66. Kennzeichnend für das erste von ihnen ist lyrische, kantilenenhafte Erfassung beider Themen des anfänglichen *Molto allegro ed agitato*. In der virtuosen Coda erscheinen als kontrastierendes Element gegenüber dem zweiten Teil (*Andante con molto tranquillo*) dramatische Elemente. Auch dieser Teil ist kantilenenhaft, mit schöner Einleitung des Klaviers, die den Charakter eines „Liedes ohne Worte" trägt, und mit seinen Triolenakkorden in der mittleren Episode. Im *Scherzo* (*Leggiero vivace*) stützt sich die Klavierfaktur auf die Lebhaftigkeit, im Finale (*Allegro assai appassionato*) wiederum kontrastiert die tänzerische Rhythmik mit einer lyrischen Episode. Wenn also im *Trio d-Moll* das kantilenenhafte Element dominiert, so ist es die Dramatik, die das 1845 verfasste *Trio c-Moll op. 66* grundsätzlich prägt. Die dramatische Stimmung durchdringt deutlich den Teil I (*Allegro energico e con fuoco*) mit turbulenten Phrasen des Klaviers; stark betont ist im Scherzo die Lebhaftigkeit, im Finale wiederum führt das Klavier die Melodie des Chorals *Vor deinen Thron tret' ich hiermit* Johann Sebastian Bachs ein.

In Anlehnung an die zwei erwähnten Trios Mendelssohns kann man bemerken, dass die zyklische Form mit Klavier sich als eine vierteilige etablierte; dank der Überwindung der Beschränkungen des *Stile Brillante* stieg wesentlich die Rolle des Tasteninstruments. Als wichtiger Punkt in der Entwicklung der Form erwies sich das *Quintett Es-Dur op. 44* Robert Schumanns.

IV. Die romantische Klavierkammermusik. Die Entfaltung nationaler Stile – Borodin

Robert Schumann, der ein unerfüllter Pianist war, beschäftigte sich neben der Komposition auch mit der Musikpublizistik (manchmal sehr intensiv). Seine ästhetischen Ansichten entwuchsen aus der Atmosphäre philosophisch-künstlerischer Diskussionen, die im Kreis der deutschen Romantiker geführt wurden, aus emsiger Beobachtung des Konzertlebens und – nicht zuletzt – aus vielfältiger Lektüre[35]. Indem er von „rein poetischer" Musik (ohne Worttext und ohne jedwedes Programm) sprach, knüpfte Schumann mit Vorliebe an die Instrumentalmusik von Johann Sebastian Bach an, die für ihn „reine Tonkunst" war: *„Die reine Vokalmusik sollte wohl ohne Begleitung der Instrumente sich in ihrer eignen Kraft bewegen, in ihrem eigentümlichen Elemente atmen; so wie die Instrumentalmusik ihren eignen Weg geht, und sich um keinen Text, um keine untergelegte Poesie kümmert, für sich selbst dichtet und sich selber poetisch kommentiert"*[36]. Gleichzeitig bekämpfte Schumann konsequent den Typ der Virtuosität, der sich vom *Stile Brillante* herleitete und der in jener Epoche von Herz und Kalkbrenner vertreten wurde. Schumanns Widerspruch bezog sich besonders auf die Kammermusik.

Eine mittlere Stufe zwischen dem Jugendschaffen für Soloklavier und der Klavierkammermusik sind die Phantasiestücke op. 88 für Klavier, Violine und Violoncello, die Schumann bereits im Jahr 1842 schrieb, aber erst acht Jahre später publizierte. Anfangs plante er, sie ein Klaviertrio zu nennen, er änderte aber die Absicht, weil die Werke faktisch nicht an analoge Formen bei Beethoven oder Schubert erinnern. Die Phantasiestücke op. 88 haben vielmehr eine Verbindung zu den Phantasiestücken op. 73 für Klavier und Klarinette und Fünf Stücken im Volkston op. 102.

Das Opus 88 eröffnet eine *Romanze* mit charakteristischen Klavierakkorden. Die energische, marschartig gefärbte *Humoreske* mit deutlichem Anfangsmotiv stützt sich auf einen Dialog aller Instrumente und intensive Kontraste (im mittleren Abschnitt). Das im langsamen Tempo gehaltene *Duett* ist ein kantilenenhafter Dialog der Geige und des Violoncellos mit harfenartigem Akkompagnement des Klaviers

---

35 Vgl. J. Skorek-Münch: *W kręgu kapelmistrza Jana Kreislera. Liryka fortepianowa Roberta Schumanna*, (in:) *De musica commentarii*, Vol. 1, red. von T. Brodniewicz, I. H. Kostrzewska, Poznań 2008.
36 Vgl. L. Tieck: *Anhang zu Wackenroder*, (in:) *Werke*, Darmstadt 1963, Bd. a, S. 302. f.

im Hintergrund – dank der Verwendung des *Pizzicato* in der Violinenpartie hat dieser Dialog eine interessante Färbung. Es erinnert an die Mendelssohnschen *Lieder ohne Worte*. Das Ganze schließt ab mit einem *Marsch* mit punktiertem Rhythmus, der am Anfang und vor der Coda nachdrücklich ist; weniger ausdrucksvoll (infolge zahlreicher Figurationen) ist er in den mittleren Episoden.

Die Klaviertrios: d-Moll op. 63, F-Dur op. 80 und g-Moll op. 110 weisen mittlerweile einen klassischen Aufbau auf. Das erste von ihnen, im Sommer 1847 komponiert und zum ersten Mal beim Geburtstag Klara Schumanns aufgeführt, ist ein sehr effektvolles Werk mit besonderen Akzenten in den Randteilen. Im einführenden Teil (*Mit Energie und Leidenschaft*) kann man sowohl kantilenenhafte Phrasen mit liedhafter Expression als auch Abschnitte mit stürmischem Klang finden, die sich mit Improvisationselementen in der Partie des Klaviers verbinden. Die Chromatik und die Vielfalt des Rhythmus verleiht der Partie der Violine, die im tiefen Register, mit den Figurationen des Klaviers im Hintergrund, das erste Thema anstimmt, einen Zug der Unruhe. Eine Episode mit ausdrücklichem, punktiertem Rhythmus führt zum zweiten Thema, das eher an das vorangegangene anknüpft; Schumann verzichtete hier auf die Schaffung eines Ausdruckskontrastes. Diese Gedanken erscheinen anschließend in der Durchführung. Ein Kontrast zeichnet sich aber in der Episode ab, in der Violine und Violoncello einen Dialog führen und das Klavier in parallelen Akkorden wie Glocken im sehr hohen Register erklingt.

Ein Kontrast erscheint im *Scherzo*, wo Violoncello und Geige im Wechsel mit dem Klavier über die ganze Zeit in parallelen Oktaven spielen. Das effektvolle Thema schreitet im Trio mit kleinen und großen Sekunden um eine Sexte nach oben und nach unten voran und wird kanonisch von drei Stimmen durchgeführt. In Anknüpfung an die bekannte „Spaltung" der Persönlichkeit des Komponisten in drei Davidsbündler kann man in diesem Trio die Eigenschaften Eusebius' wahrnehmen, während die Atmosphäre des ganzen *Scherzos* sich mit der Entschlossenheit Florestans assoziieren lässt[37]. Der langsame Teil (*Langsam, mit inniger Empfindung*), der mit einem lyrischen Abschnitt beginnt (Geige mit dem Klavier im Hintergrund), führt melodische Phrasen in verschiedenen Stimmen ein und geht *attaca* in das Finale (*Mit Feuer*) über. Dieses ist schwungvoll, wie der erste Teil, aber wir entdecken in ihm keine Spannung. Im Hinblick auf die Konstruktion verbindet es die Sonatenform mit dem Rondo (wiederkehrender melodischer Hauptgedanke).

---

37 Vgl. J. Skorek-Münch: *W kręgu kapelmistrza Jana Kreislera. Liryka fortepianowa Roberta Schumanna*, (in:) *De musica commentarii*, Vol. 1, red. von T. Brodniewicz, I. H. Kostrzewska, Poznań 2008, S. 74.

Im Jahr 1850 wurde zum ersten Mal das *Trio F-Dur op. 80* aufgeführt. Es ist entschieden heiterer als das vorige und die Haupttonart unterstreicht den pastoralen Charakter. Kontrapunktische Verdichtung verleiht den Partien der Streichinstrumente größere Selbstständigkeit. Die Einführung (*Sehr lebhaft*) ist ein Sonatenallegro. Eine Belebung bringt das erste Thema mit charakteristischer rhythmischer Triolenfigur, die anschließend in der Überleitung und in der Durchführung wiederkehren wird. Die nächsten Themen sind kantilenenhaft – das erste ist deutlich liedhaft, das zweite (von der Geige angestimmt) ist eine fallende Melodie mit langen rhythmischen Werten. Die Durchführung wurde auf zwei fugierte, stark lebhaft bewegende Episoden gestützt, die sich aus dem Hauptthema herleiten und durch einen lyrischen Gedanken getrennt sind.

Der zweite, langsame Teil (*Mit innigem Ausdruck*) lehnt sich an das klassische Modell ABA'B'A"B mit Coda an. Die rhythmisierte Tonleiter entwickelt sich mit Triolenakkorden im Hintergrund zu fließender lyrischer Melodie, die im Dialog der beiden Streichinstrumente mit der linken Hand des Pianisten geführt wird. Diese Melodie fließt zunächst in Figurationen, dann bauen Violoncello und Violine, begleitet von Klavierpassagen, einen Kontrapunkt. Der kontrastierende Gedanke (B) ist rhythmisch zerstückelt. Die Atmosphäre der Klavierminiaturen Schumanns evoziert der dritte Teil (*In mäßiger Bewegung*). Seine Kennzeichen sind das Fehlen größerer Kontraste, melancholische Färbung und sparsamer Klang.

Das Finale ist trotz allem *Nicht zu rasch*, dennoch intim, mit kammermusikalischem Gepräge. Das sich schlängelnde Klaviermotiv begegnet sich hier zunächst mit Fragmenten der vom Violoncello *staccato* vorgetragenen Tonleiter, was beträchtliche kontrapunktische Abläufe ankündigt. Die Neigung des Komponisten zu „arabeskenhaften" Klavierphrasen (sichtbar auch in seinen Solowerken) ist einerseits eine Folge von Versuchen, das Projekt der absoluten Musik zu realisieren, die sich programmatisch von jedweden sinnlich erfassbaren Inhalten abwendet, und andererseits ein Ergebnis von Anregungen aus der Welt der Poesie und der bildenden Kunst (arabeskenhafte Zeichnungen von Callot, in der Zeit der Romantik außergewöhnlich beliebt). „Callot, der Michelangelo des Burlesken", wie ihn Viktor Hugo nannte, erscheint ebenfalls im *Brief über den Roman* Friedrich Schlegels und im populären Roman Clemens Brentanos *Godwi*, den Schumann las, da er an ihn in seiner Zeitschrift erinnert[38].

---

38 Vgl. J. Skorek-Münch: *Schumann wobec projektu muzyki absolutnej. Tria fortepianowe„* (in:) *De musica commentarii*, Vol. 1, red. von T. Brodniewicz, I. H. Kostrzewska, Poznań 2008, S. 86.

Das *Trio g-Moll op. 110*, binnen einer Woche geschrieben und dem dänischen Tonsetzer Niels Gade gewidmet, erschien im Herbst 1851. Die ersten Zuhörer empfanden die Stimmung der ersten drei Teile als eindeutig düster. Den einführenden Teil (*Bewegt, doch nicht zu rasch*) beginnt eine weitläufige Passage, die in seinem ganzen Verlauf wiederkehren wird. Das zweite, kantilenenhafte Thema hat episodischen Charakter, es erscheint hier aber das Intervall der Sexte – mit wichtiger Funktion für den Verlauf des Ganzen. Nicht allzu reich entfaltete melodische Invention mit agogischem Kontrast in der Episode durchdringt den zweiten Teil (*Ziemlich langsam*), der sich durch die Atmosphäre einer Nocturne auszeichnet. Der Hauptabschnitt des dritten Teils (*Rasch*) ist aus den Motiven der Klavierpartie der vorangehenden Teile abgeleitet. Als Kontrast führte hier Schumann zwei Trios ein – ein chromatisches, melodisches und ein marschartiges Trio mit punktiertem Rhythmus. Das Finale schließlich (*Kräftig, mit Humor*) hat die Form eines Rondos mit einem an die ungarische Musik erinnernden Refrain und mit Kontrast-Episoden.

Im Jahre 1853 komponierte Schumann ansonsten das *Trio op. 132* für Klavier, Klarinette (B) (oder Violine) und Viola, dem er den poetischen Titel *Märchenbilder* verlieh. Es ist allerdings Beispiel einer Abwendung von den Geboten klassischer Form und einer Zuwendung zu miteinander locker verknüpften, „kaleidoskopischen" und miniaturhaften Episoden mit dominierender Rolle des Klaviers.

Neben der von den Romantikern gern verwendeten Form des Klaviertrios interessierte sich Schumann auch für Quartett und Quintett mit Beteiligung des Klaviers. Oben erwähnte ich bereits seine unverhohlene Abneigung gegen romantische Virtuosität; stärkere kammermusikalische Besetzung erlaubte Schumann seine Neigung zu demonstrieren, die Form „symphonisch" zu ordnen. Das symphonische Denken spürt man in vielen Klavierwerken Schumanns – erkennbar wird es durch verdichtete Struktur, durch Unterstreichung melodischer Linien von Nebenthemen und episodischen Gedanken, durch breit gespannte Akkorde. Diese Erscheinung lässt sich am Beispiel des von ihm am frühesten komponierten kammermusikalischen Werkes, des *Quartetts c-Moll*, verfolgen, das Anfang 1829 beendet und in einem Privatkonzert aufgeführt wurde. Das vierteilige Quartett (*Allegro molto affettuoso – Menuett – Andante – Allegro giusto. Presto*) blieb unter den Erwartungen des Komponisten, der sogar plante, es in Zukunft zu einer Symphonie umzuarbeiten[39]. Der dichte Kontrapunkt der Streicher im langsamen Teil und gleichermaßen verdichtete Akkorde des Finales sind ein deutliches Indiz für gewisse Affinität mit der symphonischen Faktur.

---

39 B. Smallman: op. cit., S. 42-43.

In dem für das kammermusikalische Schaffen Schumanns besonders fruchtbaren Jahr 1842 entstanden die zwei nächsten Werke – das *Quintett Es-Dur op. 44* und das *Quartett Es-Dur op. 47*. Ein bemerkbarer Akzent wurde im Quintett auf die Disziplin und die Konsequenz der thematischen Arbeit gelegt, auch wenn bei Schumann in vielen Werken Neigung zum Episodenhaften und zur Einführung kurzer Themen dominiert. Die Exposition des einführenden *Allegro brillante* ist effektvoll und vollen melodischen Einfallsreichtums; das Hauptthema beginnt mit Akkordsprüngen (verminderte Septime, kleine Sexte, Oktave) des ganzen Ensembles. Von ihm abgeleitet ist auch das melodische, auf das Klavier übertragene Nebenthema, während der dritte melodische Gedanke ein Dialog des Violoncellos und der Bratsche ist, der anschließend von diesen beiden Instrumenten in Inversion zueinander fortgesetzt wird. Am Ende der Exposition wird das erste Thema herbeigerufen und dies hindert den Pianisten an der Versuchung zum virtuosen Vortrag an dieser Stelle. Eine dominierende Rolle räumt Schumann dem Klavier in der Durchführung ein; das poetische Klima erscheint in der Reprise und den Charakter der Coda bestimmt das „symphonische" Element.

Teil II (*In modo d'una marcia. Un poco largamente*) besteht aus zueinander kontrastierenden Episoden ABA'CA"B'A"' und einer kurzen Coda. Die marschartige Episode in c-Moll führt sofort in eine ernste Atmosphäre – beinahe eine Trauerstimmung – ein. Das erste kontrastierende Thema B ist in der C-Dur-Tonart gehalten, das stürmische *Agitato* (C) in der f-Moll-Tonart, wenn auch im Kontrapunkt zum Marschthema. Das *Agitato* übt wiederum Einfluss auf die Wiederholung der lyrischen Episode B' aus (in der Subdominante – F-Dur). Das dritte Erscheinen des Marschthemas erfolgt diesmal in F-Moll (A"').

Dem dritten Teil verlieh Schumann die Form eines Scherzos mit zwei Trios (Ges-Dur und as-Moll). Die Grundlage des Themas vom Scherzo bildet die Tonleiter. Das erste, pastorale Trio besteht aus einem von den Streichinstrumenten mit Klavier im Hintergrund vorgetragenen Kanon (mit charakteristischem, aus vier Noten bestehendem Motiv mit fallender Quinte[40]); das zweite ist heiter, nahezu drollig, mit Modulationen von Fis-Dur über fis-Moll, cis-Moll, gis-Moll nach as-Moll.

Auch im Finale (*Allegro ma non troppo*) begegnen wir einer ähnlichen Wanderung quer durch die Tonarten, die mehrmaligen Wiederholungen des Hauptthemas untergeordnet ist. Bei reichlicher Nutzung der Polyphonie (Fugato, Streicherpartien im Kontrapunkt zum Klavier, fugierte Abschnitte in der Coda) ruft Schumann auch das erste Thema des ersten Teils herbei. Das Quintett gewinnt dadurch einen Zug der Integrität und Kohärenz.

---

40 Dieses Motiv wird aus der *Romanze op. 3* von Klara Wieck zitiert.

Für das Klavierquartett, das bald darauf, im Spätherbst des Jahres 1842, beendet wurde, wählte der Komponist unerwartet dieselbe Tonart Es-Dur. Was aber den Ausdruck anbetrifft, ist es ein ganz anderes Werk, lebhaft bewegend, mit noch stärker hervorgehobenem Kontrapunkt, ein Werk, das mit intensiver Dynamik operiert. In der langsamen Einführung (*Sostenuto assai*) erscheint das anfängliche Motiv des Hauptthemas und kündigt motivische Verwandtschaft der einzelnen Teile an. Das plötzliche, entschlossene Einschreiten des ersten Themas in der Klavierpartie verbindet sich mit agogischem Wechsel (*Allegro ma non troppo*) und ist ein Hinweis auf die Affinität dieser Idee zur Beethovenschen Tradition: gleichermaßen geheimnisvolle, langsame Einführung mit plötzlicher Einfügung des Themas finden wir im *Quartett C-Dur op. 59 Nr. 3*, einem von drei, die Beethoven dem Grafen Rasumowski widmete.

Beispiel 9: R. Schumann Quintett Es-Dur op. 47 Teil I

Die Klavierpartie, mit Figurationen und Akkorden, entscheidet über dynamischen Ausdruck dieses Teils, wobei die drei Streichinstrumente im Hinblick auf Ausdruck und Dynamik ein Äquivalent für das Klavier bilden. Die Durchführung wiederholt viele Male das Anfangsmotiv und bereitet auf diese Weise die durch markante Dominanz des Klaviers gekennzeichnete Reprise vor, deren Dynamik intensiver als jene der Exposition ist.

Das auf die Achtelbewegung gestützte Scherzo (*Molto vivace*) ist ein eigenartiges „Moto Perpetuo", umrahmt durch zwei Trios, mit zahlreichen Varianten des Hauptgedankens, der aus dem thematischen Material des vorangehenden Teils abgeleitet ist. Einen lyrischen Kontrast im Vergleich zum düsteren, in eine phantastische Atmosphäre gehüllten Scherzo[41] bringt der Teil III (*Andante cantabile*), in dem man leicht die durch Figurationen umflochtene Anfangsmelodie wiedererkennen kann. Drei Akkorde, das Anhalten der Bewegung und die Sechzehntelarabeske im Refrain des launisch gebauten Finalrondos (*Vivace*) sind eine nächste „Anspielung" an den Beginn des Werkes. Dieser Refrain erscheint in der Coda (mit stark „symphonischer" Färbung) als Stretto. Wichtige Eigenschaft dieser Werke ist Vereinheitlichung der Artikulation: das Klavier schöpft aus den Streichinstrumenten und umgekehrt.

Die zwei besprochenen Kompositionen Schumanns scheinen in der Geschichte der Entwicklung der Form besonders bedeutsam zu sein, weil sie (insbesondere das *Quintett Es-Dur*) häufig öffentlich aufgeführt wurden, unter anderem im März 1848 in Anwesenheit Franz Liszts, der es als zu sehr „nach Leipziger Art" komponiert bezeichnet haben soll.[42]. Eine Auszeichnung unter den zyklischen Formen mit Klavier, die in der zweiten Hälfte des 19. Jahrhunderts entstanden, verdienen die Quintette von Berwald, Dvořák, Saint-Saëns, Fauré und Brahms. Die Beliebtheit dieser Form beschränkte sich also nicht ausschließlich auf die deutschsprachigen Länder (auch wenn man eben auf dem Gebiet Deutschlands und Österreichs eine ununterbrochene Entwicklung der Gattungen der Kammermusik bis zu Schönberg und Hindemith verfolgen kann). Tatsache ist, dass viele europäische Komponisten in Deutschland oder in Österreich ihre Ausbildung erhielten oder unter bemerkbarem Einfluss der in Berlin und Wien geschaffenen Musik blieben; charakteristisches Element ihres Schaffens wurde aber in der zweiten Hälfte des Jahrhunderts das Anknüpfen an die lokale Tradition, was einer der Hauptpunkte des romantischen Programms war. Einerseits erscheinen also die nationalen Schulen, die immer sorgfältiger ihre Individualität und Eigentümlichkeit betonen, andererseits spielt eine nicht

---

41 Wahrnehmbar ist die Verwandtschaft der Stimmung dieses Teils mit *Kreisleriana op. 16*.
42 R. Taylor: *Robert Schumann. His Life and Work*, London 1982, S. 264.

minder wichtige Rolle die übernationale, „kosmopolitische" Sprache der Musik. Diese entstand aus romantischen Diskussionen über absolute Musik in ihren extremsten Erscheinungsformen, von intimer Instrumentalminiatur bis zu von großen Orchestern ausgeführten Symphonien.

Gute Beispiele universeller Musiksprache findet man im Schaffen Franz Berwalds. Dieser in Berlin ausgebildete schwedische Musiker und Komponist, ein Freund Mendelssohns, hinterließ neben Trios und Quartetten zwei Klavierquintette: c-Moll und A-Dur; alle beide genossen ein hohes Urteil Franz Liszts. Vier Teile erfolgen in beiden Quintetten nacheinander *attacca* – möglicherweise verdankte der Komponist diese Konstruktionsidee eben Liszt und seinen symphonischen Dichtungen. Die Klavierpartie hat eindeutig meisterhaften Charakter, mit virtuosen Elementen (etwa in schnellen Teilen beider Kompositionen oder in *Poco andante con grazia* aus dem *Quintett A-Dur*).

Beispiel 10: F. Berwald Quintett c-Moll op. 5 Scherzo

Das reiche und vielfältige kammermusikalische Schaffen Antonin Dvořáks erbrachte zwei Quartette und zwei Klavierquintette. In den beiden Quartetten, D-Dur op. 23 und Es-Dur op. 87, erscheinen deutliche Anknüpfungen an den nationalen Stil. Lyrische Abschnitte des zweiten von ihnen erinnern an die *Slawischen Tänze*, etwa das an thematischer Invention reiche *Lento* (Teil II) oder das Thema *Allegro moderato grazioso* im Teil III. Die Lebhaftigkeit und Bewegtheit des einführenden *Allegro con fuoco* oder des mit ihm thematisch verknüpften Finales begünstigen die Betonung des meisterhaften Schwungs in der Klavierpartie.

Beispiel 11: A. Dvořák Quartett Es-Dur op. 87 Teil I

Das spätere *Klavierquintett A-Dur op. 81* erachtet man wiederum für eines der vollkommensten Beispiele dieser Form. Seine wichtigsten Vorzüge sind vortreffliche thematische Arbeit, melodische Invention, lebhafte Rhythmik und hervorragend bearbeiteter Kontrapunkt, wodurch an der Herstellung des reichen Klanges alle Instrumente beteiligt sind.

Das einführende *Allegro ma non tanto* stützt sich auf zwei melodische Themen, die bereits in der Exposition umgeformt werden, was den Aufbau von Ausdruckskontrasten fördert. Im Andante schuf der Komponist originelle Form der Dumka (*Andante con moto*), die sich auf das Schema des Rondos stützt und an die Struktur des analogen Teils des *Quintetts Es-Dur op. 44* Schumanns anknüpft:

Schumann Teil II Dvořák Teil II
– Introduktion: 2 Takte - Introduktion: 4 Takte
A Marcia (I): c-Moll A Dumka (I): fis-Moll
B Episode I: C-Dur B Episode I: D-Dur
A' Marcia (II): c-Moll A' Dumka (II) mit Introduktion: fis-Moll
C Agitato: f-Moll C Vivace: Fis-Dur
A'' Marcia (III): c-Moll A'' Dumka (III): fis-Moll
B' Episode I: F-Dur B' Episode I: Fis-Dur
A''' Marcia (IV): f/c-Moll A''' Dumka (IV) mit Introduktion: fis-Moll
– Coda: 8 Takte - Coda: 13 Takte

Das ein wenig melancholische Thema der Abschnitte A, geteilt von Viola und Klavier, wird bei Dvořák mit variationsartigen Abwandlungen des Akkompagnements präsentiert, während das thematische Material in Schumanns Quintett einfacher ist. In beiden Fällen enthält jedoch die zweite Wiederholung des Abschnittes A eine Antwort, die sich auf die vorangehende schnelle Episode stützt. Bei Schumann ist es der lebhafte, das *Agitato* in der Klavier- und Cellopartie eröffnende Abschnitt, der dem marschartigen Thema in der Bratsche entgegengestellt ist – bei Dvořák sind es Klaviertriolen aus der fallenden Triade am Beginn des *Vivace*. Auch die melodischen Motive von den zwei schnellen Episoden sind früherem thematischem Material entliehen; bei Schumann dem Marschthema und bei Dvořák der Introduktion.

Der dritte Teil, Scherzo, ist als *Furiant* gekennzeichnet. Es dominiert in ihm schneller Rhythmus (*Molto vivace*), der zwischen anderen Melodien erscheint, und ein Kontrast für diese lebhaft bewegende Episode ist *Poco tranquillo* mit eigenem Thema und langsamer Variante der Melodie des Tanzes. Das Finale (*Allegro*), dank der Verwendung des punktierten Rhythmus effektvoll und vital, behält das Schema der Sonatensatzform (anstatt des in jener Zeit häufiger praktizierten Rondos).

Dem Beispiel Dvořáks folgten drei andere tschechische Komponisten. Josef Suk komponierte das *Klavierquartett a-Moll* (1891) und das zwei Jahre später entstandene *Klavierquintett g-Moll op. 8*. Es sind Jugendwerke; das zweite von ihnen wurde Brahms zugeeignet und in der Anlage mutet es wirklich etwas „brahmsisch" an, seine Melodik und seine Harmonien deuten aber auf Verbindung mit der tschechischen Volksmusik hin. Auch im *Klavierquintett a-Moll*

(1896) von Vitežslav Novák, der systematische Studien über die mährische und slowakische Volksmusik durchführte, kann man deutliche Anknüpfungen an die Tradition wiederfinden. Das Hauptthema bezeichnete der Komponist als *Slovácky* und im mittleren Teil verwendete er das tschechische Lied *Eliško milá, srdečná* als Thema zum Zyklus von sieben Variationen. Auch Zdeněk Fibich schrieb zwei Werke dieses Typs: das *Quartett e-Moll* und das *Quintett D-Dur* für die selten anzutreffende Besetzung: Klavier, Violine, Violoncello, Klarinette und Horn; in beiden kann man vielen nationalen Reminiszenzen begegnen. In diesem Kontext gehört es sich, das *Klavierquintett g-Moll op. 34* von Juliusz Zarębski, einem Schüler Franz Liszts, zu erwähnen, dem dieses Werk zugeeignet wurde. Bereits im einführenden *Allegro* bemerken wir eine kompositorische Gesetzmäßigkeit, die darin besteht, dass der Komponist die nächsten melodischen Ideen den Streichinstrumenten anvertraut – solo, in Dialogen, in kurzen Imitationsabschnitten oder in Form von Akkorden, während die Klavierpartie eine harmonische und koloristische Begleitung bildet und die Dramaturgie des Werkes aufbaut. Eine Ausnahme ist die ruhige Episode *Più mosso* im *Adagio*, wo eben das Klavier das Thema präsentiert. Im Teil I hingegen, ähnlich wie im Finale (*Presto*), hob man die sich im Rahmen der Akkord- oder Imitationstechnik manifestierende Klaviervirtuosität hervor. Beachtenswert ist auch die Rolle des Klaviers bei der Gestaltung des rhythmischen *Ostinatos* im *Scherzo*. In diesem Teil erscheinen rhythmische und melodische Anknüpfungen an die Folklore.

Das kammermusikalische Repertoire mit Klavier spielte eine erhebliche Rolle auch im musikalischen Leben Frankreichs. Besonders in Paris konzentrierten sich zahlreiche Musikgesellschaften und Salons auf die Ausübung der Kammermusik, dabei verfolgte man aufmerksam neue Tendenzen in diesem Bereich. Das vom Baron Hausmann gründlich umgebaute und durch den Eifelturm geschmückte Paris von Monet, Cézanne und Renoir war ebenfalls eine Hauptstadt der Musik. Im Salon der Madeleine Lemaire spielten jeden Dienstag Klavier Camille Saint-Saëns und sein Schüler Gabriel Fauré Klavier, häufiger Gast war auch der Meister der Oper – Jules Massenet. Eines der bekanntesten Werke dieser Epoche war die *Sonate A-Dur* für Violine und Klavier von Fauré. Eines Abends hörte Marcel Proust in der Salle Villiers die große Violinsonate César Francks und eben sie, neben der Musik von Saint-Saëns und Fauré, diente ihm als Anregung für die Gestaltung der Figur des Komponisten Vinteuil, eines der Helden des berühmten Zyklus *Auf der Suche nach der verlorenen Zeit*. Es sei daran erinnert, dass sowohl Fauré als auch Saint-Saëns hervorragende Pianisten waren, was zweifelsohne eine Bedeutung für ihre Leistungen im Bereich der Kammermusik hatte.

Neben zwei Trios schrieb Saint-Saëns zwei Klavierquartette, ein Quintett und ein Septett (mit zwei Violinen, Kontrabass und Trompete), die üblicherweise mit Beteiligung des Komponisten als Pianist ausgeführt wurden. Im *Quartett B-Dur op. 41* ist der Teil I (zurückhaltend, mit lyrischen Melodien der Streicher über den Arpeggien des Klaviers) fast gänzlich der dramatischen Entgegenstellung von Themen der Sonatensatzform beraubt, was unter Umständen als Opposition gegenüber der deutschen Tradition einzustufen wäre. Im langsamen Teil schafft das Klavier rhythmisches *Ostinato* als Kontrast zu einfallsreichen Melodien der Streichinstrumente. Das *Scherzo* ist lebhaft und voller Leichtigkeit, mit zwei Kadenzen, die die Episoden abschließen (die zweite von ihnen: fürs Klavier). Im Finale schuf Saint-Saëns eine freie Form des Rondos und nutzte dabei beide Themen des ersten Teils und das Choralthema des zweiten Teils als Material für eine Doppelfuge.

Beispiel 12: C. Saint-Saëns Quartett B-Dur op. 41 Finale

Das *Septett Es-Dur op. 65* kann den Eindruck eines stilistisch inhomogenen Charakters erwecken, weil der Komponist hier drei verschiedene Traditionen miteinander verknüpfte. Es gibt hier also eine Anknüpfung an die *musique de cour* aus der Zeit Ludwigs XIV., an die höfische Gelegenheitsmusik, deren Repräsentant insbesondere Lully war (obschon die Besetzung des Werkes eher an das *Septet militaire* von Hummel erinnert), an die romantische Klaviervirtuosität und schließlich an die populäre Musik vom Ende des 19. Jahrhunderts. Die Klavierpartie ist hier meisterhaft und effektvoll und der letzte Teil (*Gavotte et final*) hat den Charakter eines Konzerts für Trompete und Klavier.

An die Tradition Mendelssohns und Schumanns knüpfte direkt Vicomte Marie-Alexis de Castillon de Saint-Victor in seinem *Quintett Es-Dur* (1870) und im zwei Jahre später geschriebenen *Quartett g-Moll* an. Die von Franck gut beurteilten Kompositionen zeichnen sich durch wertvolle thematische Invention aus. Auch im Werk César Francks gibt es das an symphonischem Schwung reiche *Klavierquintett f-Moll*. Als erfahrener Pianist, der die Kammermusik viele Jahre lang spielte (unter anderem mit Offenbach), schuf Franck ein reifes Werk, das durch Reichtum an Einfällen und feine Konstruktion des Ganzen imponiert. Eine wichtige Rolle fällt in diesem Werk dem Klavier zu, obzwar der diese Partie bei der Uraufführung ausführende Camille Saint-Saëns angeblich enttäuscht gewesen war. Das einführende *Molto moderato quasi lento* initiiert ein pathetisches Motiv fallender Tonleiter f-Moll im punktierten Rhythmus (Streicher), wonach das Klavier mit einer Phrase mit nocturnehafter Färbung antwortet und alle beiden Episoden abwechselnd auftreten. Im Zuge der Entwicklung der Exposition und des Satzes nimmt die figurativ bearbeitete Klavierpartie zunehmend virtuosen Charakter an. Der langsame Teil ist kantilenenhaft und das Klavier ist an der Verdichtung der Chromatik und am spezifischen Wogen der Dynamik beteiligt. Vielfältige dynamische und koloristische Effekte erscheinen im Finale (*Allegro non troppo, ma con fuoco*), wo noch einmal das symphonische Element zu Wort kommt, dank des Klaviers.

Zu den wertvollsten Werken im kammermusikalischen Schaffen von Gabriel Fauré kann man wohl die beiden Klavierquartette rechnen; das Trio und zwei Quintette entstanden bereits außerhalb des zeitlichen Rahmens der vorliegenden Betrachtungen[43]. Das *Quartett c-Moll op. 15* beginnt mit dem *Allegro molto moderato*, das – ähnlich wie im *Quartett B-Dur* von Saint-Saëns – in der Sonatenform gebaut ist, allerdings ohne die für die deutsche Tradition typische Dramatik. In der Durchführung werden beide Themen in verschiedener Klanggestalt präsentiert, aber nicht in dramatischen Abwandlungen. Die Melodie führen grundsätzlich die Streichinstrumente, das Klavier bietet wiederum schmückende Figurationen und bereichert die Faktur mit Akkorden. Der zweite Teil ist in diesem Werk ein *Scherzo*, mit glanzvollem, arabeskenhaftem, sechstaktigem Thema, das das Klavier einführt. Die Faktur dieses Teils ist transparent und einfach, stellenweise geradezu einstimmig. Durch Meisterhaftigkeit zeichnet sich die mittlere Episode aus, während im Trio der Klang zunehmend zart, still und dunkelfarbig wird. Am Ende des nachdenklich gestimmten *Adagios*, in der Ruhe ausstrahlenden und kontemplativ wirkenden Coda, spielt das Klavier

---

43 Das *Trio d-Moll* entstand in den Jahren 1922-23, das *I. Quintett* – 1903-05, das *II. Quintett* – 1923-24.

weitläufige Figurationen. Die gemeinsame Tonart und das auf steigende Tonleiter gestützte Thema verbindet den langsamen Teil mit dem energischen, tänzerischen Finale (*Allegro molto*). Es beginnt pianissimo, mit triolenhaften Arpeggien im Metrum 9/8, wonach die Bratsche eine melodische Melodie anstimmt; beide Themen haben dabei tänzerischen Charakter. Nach unruhigen Akkorden und Synkopen der mittleren Episode erfolgt die Wiederkehr des lyrischen Themas und die arpeggienhafte Kadenz des Klaviers geht der Kulmination voran[44].

Beispiel 13: G. Fauré QUARTETT c-Moll op. 15 Finale

---

44 Während der Uraufführung des *Quartetts c-Moll* 1880 spielte man ein anderes Finale als jenes, das Fauré endgültig in die 1883 beendete Partitur eingetragen hatte. Vgl. B. Smallman: op. cit., S. 77.

Beispiel 13: (Continued)

Höher geschätzt wird das Hans von Bülow gewidmete *Quartett g-Moll op. 45*, eine der interessantesten Realisierungen dieser Form. Charakteristisch für es ist eine im Verhältnis zum Quartett c-Moll vertiefte Expression und stärker hervorgehobene Lebhaftigkeit und rhythmische Energie. Im Teil I (*Allegro molto moderato*) erscheint am Anfang ein von Streichinstrumenten gespieltes ausdrückliches Thema mit meisterhaften Figurationen des Klaviers im Hintergrund. Anschließend wird das Thema vom Klavier übernommen und die Streicher spielen kontrapunktisch zu ihm – Viola und Violoncello unisono, eine Oktave tiefer als die Violine. Das zweite Thema, eine ruhige Abwandlung des ersten, führt das Solo der Bratsche mit Akkordbegleitung des Klaviers ein. Die Rolle des Klaviers besteht in diesem Teil in der Führung origineller Figurationen und in der Schaffung außergewöhnlicher koloristischer Effekte. Das Scherzo (Teil II) wiederholt die allgemeine Anlage des analogen Teils des vorigen Quartetts: das Metrum 6/8 wechselweise mit 2/4, annähernd gleiches Tempo und ähnliches Akkompagnement *pizzicato* für das Hauptthema der Klavierpartie – im Hinblick auf den Ausdruck ist es aber ganz anders. Im *Quartett c-Moll* war das Scherzo still, zart, einnehmend und ein wenig scherzhaft; in diesem Werk ist es bedeutend lauter – Dynamik zwischen *forte* und *fortissimo*, tiefes Register – stellenweise geradezu heftig. Das resultiert aus der Achtelbewegung in der Klavierpartie, die durch die Synkopen sozusagen „gestört" wird. Die eigentümliche „Diabolie" dieser Partie findet eine Fortsetzung im Finale. In diesem Teil gibt es kein Trio, die zweifache Wiederkehr des Scherzo-Themas ist durch Episoden getrennt. Die erste von ihnen bringt das von den Streichern angestimmte, abgewandelte zweite Thema des vorigen Teils, die zweite Episode stützt sich auf die Transformation des Hauptthemas des Allegros im Metrum 2/4 (Streicher), die dem Thema des Scherzos (Klavier) entgegengestellt wird.

Als Kontrast erzeigt sich das *Adagio non troppo* (Teil III) als subtil, still und zart, wie „Erinnerung des Abendklangs ferner Glocken"[45]. Tatsächlich, eine solche Assoziation kann das Terzmotiv am Anfang wecken, das vom Klavier beharrlich wiederholt wird, während die Viola die Hauptmeditationsmelodie dieses Teils anstimmt. Das Metrum 9/8 oder für bessere Flüssigkeit 12/8.

Beispiel 14: G. Fauré Quartett g-Moll op. 45 Teil III

---

45 Nach einer Bezeichnung des Komponisten, vgl. B. Smallman: op. cit., S. 81 (Anmerkung).

Das Hauptthema des Finales (*Allegro molto*) stützt sich auf brillant rhythmisierte Tonleiter. Die Achteltriolen in der Klavierpartie sind ausschlaggebend für die ständige Bewegung und die lebhaften Rhythmen, melodische Invention, Reichtum der Harmonie und die stark unterstrichene Basslinie entscheiden über den hohen Wert dieses das *Quartett g-Moll* abschließenden Teils. Das Kontrastelement im Hinblick auf den Ausdruck, das wie ein Kampf zwischen Gut und Böse anmutet, durchdringt die Durchführung der Klavierpartie im Finale des *Quartetts g-Moll*.

Im Vergleich zu anderen Vertretern der französischen Musik seiner Zeit verlieh Fauré seinen Kompositionen in greifbar geringerem Maße nationale Färbung. Trotz der damals in Frankreich vorherrschenden Abneigung gegen die deutsche Musik knüpfte er (in verschiedenen Stadien seines Schaffens) an Mendelssohn, Schumann und Wagner an, um die Jahrhundertwende interessierte er sich wiederum lebhaft für den Impressionismus von Debussy.

Das im Titel des vorliegenden Kapitels unterstrichene Problem der Ausformung nationalen Stils hing mit seiner starken Akzentuierung im philosophischen und ästhetischen Programm der Romantiker eng zusammen. Nationale Stile gab es in der Musik zwar auch früher, sie waren aber niemals ein programmatisches Element. Sogar im 15. Jahrhundert, in der Zeit der Dominanz der franko-flämischen Polyphonie, konnte man die Tonsetzer aus Gent und Hainault von den Franzosen und die Deutschen und Engländer von den Italienern unterscheiden. In der späteren Periode (etwa hundert Jahre danach) sprechen wir über französische, italienische, spanische, englische, deutsche und flämische Schule – dies aber vor allem im Bereich der weltlichen Musik; was das Formelle und den Ausdruck anbetrifft, unterlagen nämlich die Messen, Motetten und Hymnen dermaßen strengen Geboten, dass von einer nationalen Differenziertheit nicht die Rede sein konnte. Mit dem Beginn der Epoche des Barock erfolgte dank der Entdeckung der Monodie und dank ihrer Verwendung in allen Formen eine beispiellose Dominanz der Italiener in der europäischen Musik und nur Frankreich behielt eine Eigenart. Diese Situation dauerte über hundert Jahre, ein ausdrücklicher Beweis hierfür sind *Les Apothéoses* François Couperins und literarische Diskussionen von Abbè Raguenet bis Rousseau. In der Musik der deutschsprachigen Länder kann man Beispiele eines „Mischstils" finden, was auch seine Gründe hatte: Johann Sebastian Bach etwa schöpfte aus seiner heimischen, deutschen Tradition des lutherischen Chorals, aber auch aus der französischen Suite und Ouvertüre von Lully, aus der italienischen Sonate, dem *concerto* und der Arie. Erst um das Jahr 1750 formte sich ein deutscher Stil aus. Dazu trug vor allem Joseph Haydn bei, dessen Symphonien und Quartette ganz Europa bewunderte. Ihm gesellten sich ein wenig später Mozart und Beethoven zu, dank denen die Periode der Hegemonie deutscher Musik begann. Es dürfen aber hier nicht die Komponisten niedrigeren Ranges vergessen werden, deren Werke in Paris in den *Concerts spirituels* gespielt wurden – hierzu gehörten die von mir bereits erwähnten Cannabich, Holzbauer oder Schobert. So wie es früher die Italiener taten, erschienen jetzt in London, Paris und in anderen Metropolen Europas „deutsche" Musiker (ein „Deutschland" nach heutigen Begriffen gab es damals allerdings noch nicht). Der Prozess der Entstehung nationaler Stile in der romantischen Musik verbindet sich mit zahlreichen Strömungen und Tendenzen in der Philosophie, Literatur und Politik: Historismus und Volkstümlichkeit, die von der Madame de Staël eingeführte Einteilung der Dichtung in die des Nordens und die des Südens, neuer Typ des Publikums und gleichermaßen neue Situation des Künstlers, Losungen nationaler Befreiung. Dieses komplizierte Netz von Begriffen und weltanschaulichen Tendenzen umfasste auch die Musik, sowohl die „absolute" (also die Instrumentalmusik) als auch die Vokalmusik. Um die Bedeutung der Musik Alexander Borodins im angemessenen Kontext zu sehen, muss hier der Prozess der Entstehung der russischen nationalen Schule kurz dargestellt werden.

Zur russischen Tradition kann man den enormen Reichtum an Volksmelodien (mit beträchtlicher regionaler Differenziertheit) und die feierliche, komplizierte Liturgie byzantinischer und östlicher Herkunft rechnen. Die modernisierenden Aktivitäten Peters des Großen im 18. Jh. bewirkten aber, dass lokale Traditionen durch westliche Einflüsse verdrängt wurden; das betraf insbesondere Petersburg und die höfisch-aristokratischen Kreise. Es dominierte dort der italienische Geschmack und viele Musiker aus Italien entwickelten ihre Aktivität in der Hauptstadt (Galuppi, Paisiello, Manfredini, Cimarosa u.a.). Den Gedanken, Petersburg zu erobern, hegte auch Mozart[46]. Sogar einheimische Themen (in der Oper) wurden von Italienern und im italienischen Stil bearbeitet.

Der erste wirklich nationale russische Komponist war Michail Iwanowitsch Glinka. Seine Interessen betrafen in erster Linie die Vokalmusik; er sammelte ukrainische Lieder und während eines längeren Aufenthalts in Kastilien und Aragonien auch spanische. Zwei Werke, *Jota aragonesa* und *Recuerdos de Castilla*, sind ein Zeugnis gekonnter Umarbeitung der Folklore. Einheimische Volksmelodien nutzte er in der Orchesterphantasie *Kamarinskaja*, die größte Rolle in der Nationalmusik Russlands spielten aber seine zwei Opern: die deutlich

---

46 Im Jahr 1789 bzw. 1790 kaufte sich Mozart einen Reiseführer über die Länder der österreichischen Monarchie mit der Reiseroute nach Petersburg via Polen; vgl. A. Einstein: op. cit., S. 28f.

antipolnische Oper *Ein Leben für den Zaren* und das Märchenoper *Ruslan und Ljudmila*. Die Kammerwerke stammen aus der früheren Schaffensperiode Glinkas, erinnernswert ist bestimmt das dreiteilige *Gran sestetto originale* für Klavier, zwei Violinen, Viola, Violoncello und Kontrabass. Wenn man die Besetzung und die Zeit der Entstehung (1832) dieses Werks berücksichtigt, kann es nicht wundern, dass es Eigenschaften eines Klavierkonzerts besitzt, so wie die Kammerwerke von Hummel. Bereits im ersten Teil werden am Anfang in der Klavierpartie effektvolle Akkorde und virtuose Passagen eingeführt. Auch der langsame Teil exponiert deutlich das Klavier, auf das Figurationen und Arpeggien im Stil der damaligen Salonmusik übertragen sind; nicht anders ist es im Finalrondo mit dominierenden tänzerischen Rhythmen.

Die nationale Kunst war die wichtigste Losung der Komponisten, die das sog. Mächtige Häuflein bildeten. In ihrem Schaffen erschien aber die Kammermusik mit Klavier äußerst selten, sie räumte das Feld vor allem für Vokalformen und Klavierlyrik. Tatsache ist, dass ihre musikalischen Interessen sehr weitgestreut und dabei differenziert waren und sie alle (außer Balakirew) Musik quasi am Rande ihrer Hauptbeschäftigungen trieben. Es verband sie aber eine programmatische Abneigung gegen Anton Rubinstein, der die Russische Musikgesellschaft, welche Konzerte mit zumeist deutschen Programmen organisierte, und das staatliche Konservatorium (das erste auf dem Gebiet Russlands) gründete, dessen Professoren ausschließlich Deutsche waren.

Das Postulat der „Nationalität", wie es die Komponisten des Mächtigen Häufleins verstanden, fand nur wenig Platz im Rahmen des romantischen Programms oder der Diskussion über die absolute Musik. Am besten illustriert diese Erscheinung das instrumentale Schaffen Alexander Porfirjewitsch Borodins. Im Gegensatz zu Brahms etwa, der als bewusster Fortsetzer der Beethovenschen und Schubertschen Tradition im Bereich der symphonischen und der Kammermusik auftrat, empfand der Autor der *Polowetzer Tänze* keinerlei Verpflichtung gegenüber der musikalischen Vergangenheit. Zuzugeben ist, dass er in seiner ersten Symphonie (Mussorgski bezeichnete sie als „russische *Eroica*") sich vom Beethovenschen Heldenkult hinreißen ließ und dass er im *Quartett A-Dur* nach einem Motiv griff, das Beethoven im Finale seines *Quartetts B-Dur op. 130* benutzte. Ansonsten bediente er sich aber in diesen beiden Kompositionen einer zutiefst persönlichen Art von Expression. Es lässt sich also sagen, dass Brahms eine sehr starke Bindung an musikalische Tradition, Ästhetik oder an die (hauptsächlich von den deutschen Komponisten entwickelte) eigentümliche Sprache der Symphonie und des Quartetts empfand, Borodin hingegen sich zu derartigen Anknüpfungen nicht verpflichtet fühlte. Der Typ melodischer Invention, der Harmonie, der Rhythmen und der Ornamentik, dem wir in seinen Werken begegnen, stammt wiederum aus der ostrussischen Folklore. Ein im Geist westlicher Muster erzogener Kritiker würde diese künstlerischen Ausdrucksmittel möglicherweise „barbarisch" nennen, so wie es hundert Jahre früher ein Anhänger klassischer Muster über die schottischen oder deutschen Volksballaden geäußert hätte.

Das *Quintett c-Moll* Alexander Borodins entstand 1862 während eines längeren Auslandsaufenthalts des Komponisten, kurz vor seinem Anschluss an das Mächtige Häuflein. Es war aber keine Kunstreise, sondern ein wissenschaftliches Praktikum (in Heidelberg führte er Untersuchungen im Bereich der Chemie durch). Dort begegnete er der russischen Pianistin Jekaterina Protopopowa, die u.a. eine Schülerin von Julius Schulhof, einem Schüler Chopins, war. Eben dank ihr kam Borodin mit dem Schaffen Chopins, Schumanns und Wagners in Berührung. Später wurde sie seine Frau. Das beendete Medizinstudium und ausgedehnte Forschungsarbeiten auf dem Gebiet der Chemie (ihre Krönung war Ernennung zum ordentlichen Professor) erlaubten Borodin nicht, sich systematisch mit der Musik zu befassen. Das bedauerte Rimski-Korsakow – im Gegensatz dazu vertrat Dmitri Iwanowitsch Mendelejew, der hervorragende Chemiker, die feste Ansicht, dass die wissenschaftlichen Errungenschaften Borodins zweifelsohne bedeutender wären, wenn er nicht die Zeit für die Musik verschwendet hätte[47]. Der Komponist selbst bezeichnete sich im Gespräch mit Liszt als „Sonntagsmusiker", der schnell und mühelos komponiert, aber grundsätzlich nur in Momenten, in denen er von den beruflichen Pflichten nicht beansprucht wird.

Der lockere Bau des ersten Teils (*Andante*) des Quintetts erinnert nicht an die strenge Sonatensatzform. Der viertaktige musikalische Hauptgedanke, mit charakteristischer rhythmischer Formel und wechselbarem Metrum (3/4 – 2/4), wird vom Klavier eingeführt – ab dem 5. Takt wird er von der ersten Violine aufgegriffen und wird anschließend vom Klavier weiter entwickelt. Deutlich knüpft er an das russische Volkslied an. Das eintaktige Motiv wechselt vom Sopran und Tenor zum Alt und Bass über - es erfolgt hier eine Änderung der Bewegungsrichtung.

---

[47] Zit. nach: Il'in M., Segal E.: *Aleksandr Porfir'evič Borodin 1833-1887*, Moskwa 1953, S. 5.

Beispiel 15: Borodin Quintett c-Moll Anfang des Andante

In diesem Motiv erfolgt melodisch-rhythmische Umbildung (sowohl Auflösung als auch Verdichtung rhythmischer Werte). Bei der vom Klavier geführten Melodie werden Oktavverdoppelungen verwendet, was zur Stärkung und Transparenz der Darstellung dieses musikalischen Gedankens führt. Ab dem 12. Takt wiederholt das Violoncello dieses viertaktige Thema in leicht modifizierter Form, nach ihm die zweite Geige (ab dem 16. Takt) und schließlich die Bratsche (ab dem 20. Takt). Wahrnehmbar sind hier Elemente der Polyphonisierung der Faktur. In dieser Zeit wird das Thema vom Klavier (mit der im Hintergrund von der Viola gespielten Melodie) in harmonischer Hinsicht bereichert.

Ab dem 24. Takt werden die Streichinstrumente „ausgeschaltet", melodisch aktiv bleibt nur das Klavier, das den musikalischen Hauptgedanken in diesem Teil (*cantabile e legato*) erneut durchführt. Seine Bearbeitung besteht in einer Aufzeigung der Melodie in der rechten Hand, in den anderen Stimmen des Klaviers wird er von harmonischer Figuration begleitet.

Beispiel 16: Borodin Quintett c-Moll Andante

*) In Übereinstimmung mit der Parallelstelle (siehe Wiederholung 4 Takte später) würde die Partie für die rechte Hand in diesem Takt folgendermaßen gestaltet werden können:

**) In Übereinstimmung mit der Parallelstelle (siehe Wiederholung 4 Takte später) würde die Partie für die rechte Hand in diesem Takt folgendermaßen gestaltet werden können:

Ab dem 32. Takt schreitet erneut das Streichquartett mit dem musikalischen Hauptgedanken in der ersten Geige ein. Die zweite Geige bietet hier eine

Begleitung in Doppelklängen. Die Viola mit dem Violoncello erinnern in kurzem, zweitaktigem Abschnitt den Hauptgedanken und das Klavier führt die Melodie beim Akkompagnement der auf den Rhythmus von Achteltriolen gestützten Oktavverdoppelungen ein.

Es erfolgt ein Wechsel der Stimmung, bestätigt durch kennzeichnende Senkung der Dynamik bis zum Pianissimo.

Beispiel 17: Borodin Quintett c-Moll Andante

Ab dem 49. Takt schaltet sich das Klavier aus, aktiv bleiben nur die Streicher. Die Kulmination der Spannungen ab dem 56. Takt baut das ganze Quintett, mit gewaltigem Klang des Klaviers im Hintergrund. In der Partie der rechten Hand treten Vierklangakkorde auf, in der linken Hand Oktavverdoppelungen im tiefen Register. In diesem Abschnitt lässt sich eine Steigerung der Dramatik, der Emotionen, auch der Dynamik wahrnehmen, die durch Verwendung kleiner rhythmischer Werte modelliert wird (Sechzehntelgruppen in der linken Hand der Klavierpartie sowie im Violoncello und in der Bratsche). Es treten hier ein großes Klangvolumen und deutliche harmonische Spannungen auf.

Beispiel 18: Borodin Quintett c-Moll Andante

Nach diesem Abschnitt erfolgt ein Wechsel der Tonart und eine gewisse Beruhigung und Dämpfung von Emotionen. Der musikalische Hauptgedanke, diesmal in der a-Moll-Tonart, erscheint in der Klavierpartie (achttaktiges Solo mit Figurationen, die uns bereits aus den Takten 24-31 bekannt sind).

Beispiel 19: Borodin Quintett c-Moll Andante

Ab dem 79. Takt schließen sich die eine Weile inaktiven, sonstigen Instrumente an. Die Hauptmelodie wird von der ersten und zweiten Violine durchgeführt. Die Viola und das Violoncello realisieren eine harmonische Hinzufügung und das Klavier übernimmt die Rolle der harmonischen Grundlage, die sich auf

Oktavverdoppelungen im tiefen Register im Rhythmus der Achteltriolen stützt. Im letzten Abschnitt des ersten Teils erscheint der musikalische Hauptgedanke nach dem Prinzip eines Dialogs einmal in den Streichern, ein anderes Mal in der Klavierpartie. Das *Andante* schließen drei Akkorde ab.

Das mittlere *Scherzo* in der Form ABA stützt sich auf einen lebhaft bewegenden Volkstanz im Stil eines Hopaks oder Trepaks mit geradem Metrum (2/4). Die Streicher beginnen unisono: die erste und zweite Violine spielen eine Oktave, das Cello einen einzelnen Laut und das Thema wird einstimmig von der Bratsche angestimmt. Im Takt 6 wird anschließend das Thema von der ersten Violine imitierend aufgenommen, im Takt 9 – von der zweiten Violine. Die letzte Achtel wird in diesem Takt von allen Streichinstrumenten und dem Klavier als Akkord ausgeführt. Besonders in der Klavierpartie (in den Takten 10-18) zeichnet sich die für den Hopak typische Akkordtechnik ab.

Beispiel 20: Borodin Quintett c-Moll Scherzo

Ein gleichermaßen lebhafter thematischer Gedanke in der G-Dur-Tonart wird ab dem 23. Takt von der ersten Violine eingeführt. Die zweite Violine und Viola bieten an dieser Stelle ein *pizzicato*-Akkompagnement, die langen Klänge des Violoncellos bestehen aus halben Noten.

Das Klavier stimmt in Takt 35 ein kurzes thematisches Motiv (es wird von der zweiten Violine, der Viola und dem Cello nachgeahmt) an und die Takte 39-45 sind (nach sehr lebhaftem tänzerischem Teil) ein Abschnitt mit beruhigender, gedämpfter Stimmung – das Pizzikato der Streicher mit unveränderlicher Note in der Partie der ersten Geige. Der Puls des Tanzes verschwindet aber nicht gänzlich: es halten ihn die pulsierende Violine II, Bratsche und Violoncello aufrecht. Nach diesem kurzen Abschnitt kehrt in der Partie der ersten Violine und des Klaviers (fugato) erneut der Hauptgedanke des Scherzos zurück, anschließend in der zweiten Violine und in der Bratsche.

In den Vordergrund dringt in Takt 77 das Klavier mit charakteristischem musikalischem Gedanken. Die Takte 93-99 bringen erneut eine Beruhigung, parallel zu den Takten 39-45.

In der Piano-Dynamik führt das Klavier ab dem 100. Takt das Thema des Trios ein, das ebenfalls volkstümliche Färbung aufweist. Kontrastweise ist es kantilenenhaft, lyrisch, mit dem für die russische Folklore charakteristischen Zug von Nostalgie und mit ausgedehnter Melodik – in der C-Dur-Tonart.

Beispiel 21: Borodin Quintett c-Moll Scherzo - Trio

Beispiel 21: (Continued)

Edition Breitkopf

Das Thema nehmen die Streicher auf, das Klavier schaltet sich für eine Weile aus, um in Takt 156 mit dem thematischen Material des Trios zurückzukehren. In den Takten 167-201 ist nur das Klavier aktiv, dann kehrt die Bratsche mit dem Hauptgedanken dieses Teils zurück, ab dem 212. Takt schließt sich das Cello und die zweite Violine an. Ab dem 248. Takt wird in der Klavierpartie der musikalische Gedanke des Trios zum letzten Mal gezeigt, mit der Bezeichnung „*tempo primo*" kehrt in der Viola-Partie das Material A zurück, also das Hopak-Thema in identischer Faktur mit gewissen tonalen Änderungen.

Beispiel 22: Borodin Quintett c-Moll Scherzo – tempo primo

Beispiel 22: (Continued)

Im rhapsodischen Finale (*Allegro moderato*), in umkomponierter Form gehalten, präsentiert das Klavier nach dreitaktigem Vorspiel der Streichinstrumente in der c-Moll-Tonart ein nächstes volkstümliches Thema. Dieses Thema kehrt wiederholt bei verschiedenen Varianten des Dialogs von Instrumenten zurück.

Beispiel 23: Borodin Quintett c-Moll – Finale

Die Harmonik dieses Werkes entfaltet sich gänzlich im Rahmen des Systems Dur-Moll und spielt daher keine so wichtige Rolle wie in späteren Kompositionen Mahlers und Schostakowitschs. Das Thema des ersten Teils ist in der c-Moll-Tonart gehalten, mit äolischem Akzent (es ist vermutlich die Moll-Dominante, der man den volkstümlichen Klangcharakter verdankt). Jede Präsentation des Hauptgedankens erfolgt in ein wenig anderem harmonischem Gewand, je weiter die Entwicklung voranschreitet, desto vielfältiger wird dieses Gewand (beispielsweise durch dichtere Harmonisierung oder eingestreute Akkorde).

In Takt 23 erfolgt ein Übergang zur parallelen Es-Dur-Tonart und die Fortsetzung des Gedankens, diesmal mit dem Streichquartett. Analoge Erscheinung gibt es in Takt 71: das Klavier selbst führt die C-Dur-Tonart ein und es erfolgt erneut eine Fortsetzung des Gedankens in allen Instrumenten. In diesen beiden Abschnitten, die im Hinblick auf die Harmonie als sehr klassisch zu bezeichnen sind, fällt die Kadenzwendung mit der Sub-Dominante °S D7 T auf, die aus der Verwendung der harmonischen Dur-Tonleiter resultiert:

as B Es (Takt 38)
f G7 C (Takt 85)

Die besprochenen Takte sind von einem Abschnitt (in der Tonart f-Moll/As-Dur) getrennt, der den Höhepunkt dieses Teils bildet. Die chromatischen Töne sind meist Bestandteile der Hauptakkorde oder werden in sie eingestreut – trotz der Häufigkeit dieser Einstreuungen klingt aber alles sehr gleichartig und tonal ausgewogen.

Das Andante endet in der a-Moll-Tonart, mit der das Scherzo beginnt. Die Modulationen c-Es-f-As-C-a sind verwandte Tonarten, vor allem ist es die Terzverwandtschaft. Im Teil II erfolgt im Hinblick auf die Harmonik nichts Wesentliches. Das ändert sich erst im Finale, wo die Harmonie die musikalische Narration in höchstem Maße unterstreicht und mitgestaltet.

Das *Quintett c-Moll* ist ohne Zweifel ein Zeugnis kompositorischer Reife. Dafür spricht der ausdrückliche lyrische Ton, der die Nähe zum russischen Volkslied verrät, und die Episierung des Verlaufs der musikalischen Narration, die darin besteht, dass die Struktur ohne innere Spannungen und Konflikte gebaut wird.

V. Tradition und Modernität – Mahler und Schostakowitsch

Im Schaffen Gustav Mahlers, des letzten von den großen spätromantischen Symphonikern, spielte die Kammermusik eine untergeordnete Rolle. Im Lichte der Forschungsergebnisse von Peter Ruzicki ist der komplett erhaltene erste Teil des *Klavierquartetts a-Moll* (er wäre als *Quartettsatz* zu bezeichnen) eines von einigen Kammerwerken, die Gustav Mahler in den Jahren 1876-78, als er am Wiener Konservatorium studierte, zu schreiben begann. Später gingen sie verloren oder wurden niemals zu Ende verfasst.

Das vierundzwanzigtaktige Fragment des *Scherzos* (in g-Moll) wiederum, das seinerzeit Alfred Schnittke dazu anregte, ein eigenes Klavierquartett zu komponieren, wird manchmal als weiterer Teil desselben Mahlerschen Werkes behandelt, was wegen der Relation dieser Tonart zu a-Moll zweifelhaft erscheint.

Das erste Thema (*Leidenschaftlich*) besteht aus zwei Phasen: die Phase I umfasst die Takte 3-31, die Phase II – die Takte 32-41. Es wird vom Klavier in Oktavverdoppelungen, im tiefen Register, dunkel und düster gefärbt, eingeführt. Das auf homogene Werte gestützte Akkompagnement (Viertelnotentriolen) bildet eine harmonische Ergänzung zur Melodie in der Unterstimme des Klaviers. Die charakteristische melodische Wendung, die das erste Thema beginnt, ist der Sprung der kleinen Sexte nach oben (A – f) und dann der Abstieg auf die V. Stufe der a-Moll-Skala, erneut eine Wiederholung dieses Motivs ab dem Ton A (doch mit einer Änderung des Intervalls: die kleine Sexte wird durch die kleine Septime ersetzt). Ab dem 7. Takt sinkt die Melodie in Oktavverdoppelungen ab. In Takt 9 merken wir einen deutlichen Kontrast der Register und eine bedeutende Erweiterung des Klangvolumens: die dunkel gefärbten Töne des Klaviers und des Violoncellos im tiefen Register bilden einen Hintergrund für den „himmlischen" Eintritt der Violine, der sich auf einen langen Wert stützt (halbe Note durch einen Bogen mit ganzer Note verbunden), der – mit dem pulsierenden Akkompagnement des Klaviers im Hintergrund – quasi in der Luft hängen bleibt. In Takt 14 nach dem Eintritt des Klaviers (weiterhin in Oktavverdoppelungen, die Melodie des Basses mit dunkler Färbung) doubliert die Geige diese Melodie im hohen Register, das einen Kontrast bildet. Die Viola und das Cello imitieren das Anfangsmotiv des ersten Themas. Bei der Führung der Hauptmelodie beobachten wir, wie sich quasi dialogisierende Instrumentenpaare bilden: Klavier mit Violine und Viola mit Violoncello.

Der Anstieg emotionaler Spannung erfolgt in Takt 19, namentlich dank der Einführung einer mit dem Triller versehenen Note in zwei Randtönen (Sopran – Violine, Bass – Klavier); all das trotz absteigender melodischer Linie. Die Verwendung des Trillers hat zur Folge, dass die emotionale Spannung, deren Stütze auch die harmonischen Spannungen sind, sozusagen fließend gebaut wird.

Beispiel 24: Mahler Quartett a-Moll Thema 1

Ab dem 22. Takt erfolgt durch die Wiederholung des Anfangsmotivs des ersten Themas eine Beruhigung, allerdings mit Änderungen des Intervalls – der Sprung der kleinen Septime wird beispielsweise durch den Sprung der Oktave ersetzt und in Takt 26 (in der Partie der Violine) haben wir mit einem Abstieg auf die VII. Stufe der Skala zu tun. Das Klavier baut weiterhin eine „beunruhigende" Stimmung, dank dunkler Tonfärbung und akkordmäßig wiederholtem Akkompagnement, das sich auf den Rhythmus der Viertelnotentriolen stützt. Größere Vielfalt des harmonischen Verlaufs dieses Abschnitts beeinflusst ebenfalls die Intensität des emotionalen Ausdrucks.

Beispiel 25: Mahler Quartett a-Moll Thema 1

Ab dem 32. Takt haben wir mit der zweiten Phase des Themas zu tun – mit absteigender Richtung und ausgedehnter Melodik. Diese Phase ist offensichtlich lyrisch, unter dem Einfluss der Harmonik erscheinen in ihr aber gewisse dramatische Elemente.

Das zweite Thema (*Entschlossen*) mit charakteristischem Marschrhythmus erscheint ab dem 42. Takt auch in der Klavierpartie.

Beispiel 26: Mahler Quartett a-Moll Thema 2

Sichtbar ist hier eine Änderung der Faktur – von der akkordhaften (im ersten Thema) zur figurativen. Durch die Einführung kleinerer Werte erfolgt eine rhythmische Belebung. Das Thema ist überdies stark chromatisiert. Ab dem 54. Takt erscheint ein Abschnitt, der sich auf das Material des ersten Themas (mit einer Anknüpfung an die früheren Takte 32-35) stützt, aber im Hinblick auf den Rhythmus (insbesondere in der Partie der Violine) modifiziert ist. Im Klavier tritt in der Partie der beiden Hände abwechselnd eine harmonische Figuration auf. Mehrere Male wiederholt sich die an die Takte 32-35 anknüpfende viertaktige Phrase mit absteigender melodischer Linie. In diesem Abschnitt führen die Streicher eine Imitation des charakteristischen Motivs ein, indem sie untereinander einen eigenartigen Dialog führen.

In der Durchführung bemerkt man eine gewisse Art auf das erste Thema bezogener, motivischer Demontage. Der Komponist stellt zwei Hauptmotive dieses Themas zusammen: das Anfangsmotiv (Takte 3-4, 5-6) und das Motiv aus den Takten 32-33. Die motivische Arbeit stützt sich grundsätzlich auf die Takte 32-34, eingeführt werden zahlreiche Modulationen, es kommt zum Anstieg der harmonischen Spannung. Die Oktavverdoppelungen und Tremolos in der Klavierpartie verursachen einen Anstieg der dramatischen Spannung in diesem Abschnitt des Werkes.

Beispiel 27: *Mahler Quartett a-Moll Durchführung*

Einen Einfluss auf den starken emotionalen Ausdruck hat ebenfalls die vielfache Wiederholung dieses charakteristischen Motivs, die nach dem Höhepunkt des Ganzen strebt. Deutliche motivische Demontage bemerkt man in dem Moment, in dem Mahler sich lediglich auf die Nutzung eines ausdrücklichen Intervallsprungs (Auslöser der Verdichtung und des Anstiegs emotionaler Spannung) und dessen melodischer Varianten beschränkt. Dieser Intervallsprung stützt sich jedoch auf einen festen punktierten Rhythmus. Nach dem 114. Takt setzt für einen

Moment eine Beruhigung in der *piano*-Dynamik ein – ein breit ausgebauter Dialog zwischen den Instrumenten (außer dem Violoncello, das eine lange Note spielt). Eine erneute zweitaktige Kulmination erfolgt im Takt 135 – ein Tremolo im Bass des Klaviers, Anhalten auf einer Fermate und es kehrt erneut das zweite Thema, in einem intimeren Klima, zurück. Zart, geheimnisvoll, langsam entwickelt es sich in allen Instrumenten (ab dem 139. Takt die Streicher: *con sordini*). Durch absteigende melodische Linie und großes *Ritenuto* kehrt die Reminiszenz des ersten Themas zurück (Anknüpfung an das Material aus den Takten 32-34).

Beispiel 28: Mahler Quartett a-Moll Reminiszenz des Themas 1

Die Reprise beginnt mit der Wiederkehr des Materials aus der Exposition, dabei wandelt sich die akkordhafte Klavierfaktur zur harmonischen Figuration.

Beispiel 29: Mahler Quartett a-Moll Reprise

Vor der Coda (ab dem 218. Takt) spielt die Violine einen kurzen Abschnitt nach dem Muster einer virtuosen Kadenz, es folgt ein *Pizzicato* in den Streichern und ein Doppelklang (Sexte und Quinte) im Klavier. Ab dem 223. Takt erscheint in der Klavierpartie eine nächste harmonische Figuration und im Dialog der Streicher das bereits bekannte Motiv, das durch einzelne Instrumente imitierend wiederholt wird.

Die Aufgabe des Aufbaus der Stimmung der ganzen Komposition ruht im Quartett a-Moll auf dem Klavier – erzielt wird diese Stimmung besonders durch die Benutzung der dunklen Farbe der tiefen Register; das Klavier steigert die Dramatik, durch abwechslungsreiche Harmonie und Oktavverdoppelungen. Zarterer Klang resultiert aus der Verwendung von Figurationen, die Klavierfaktur berücksichtigt die Symphonisierung des Klanges und Verwendung virtuoser Elemente (Akkord- und Passagentechnik, Doppelklänge und Akkorde in Triolengruppen).

Über die koloristischen Effekte entscheidet ein breites Klangvolumen, dynamische Rolle des Akkords, das in der *piano*-Dynamik endende Crescendo (Takte 70-71), Einführung weitschweifiger Kantilene ab dem 26. Takt.

Wesentliche formelle und stimmungsbildende Rolle fällt hier zweifelsohne der Harmonie zu. Durch entsprechende Wahl von harmonischen Mitteln werden Spannungen und Kulminationen gebaut.

Das erste Thema ist in der a-Moll-Tonart gehalten. Der Anstieg emotionaler Spannung im 19. Takt wird durch die Verwendung eines Dissonanzakkords (Vierklang der verminderten Septime) unterstrichen. Durch bedeutend reichere Harmonie zeichnet sich die zweite Phase des ersten Themas (ab dem 32. Takt) aus, in der die Spannung durch die Einführung der Chromatik gesteigert wird. Der Übergang über die eingestreuten Akkorde und die chromatische Führung des Basses führen in der Kulmination zur Kadenz, deren Auflösung in die Moll-Tonika (Takt 42) das zweite Thema einführt.

Sein Anfang ist ebenfalls in der a-Moll-Tonart gehalten, die in bedeutendem Grad durch die Verwendung zahlreicher Chromatik geschwächt wird. Die charakteristische Pedalnote in den tiefen Registern des Klaviers und des Violoncellos ist die Grundlage der Tonart und zwingt fremde Akkorde und Töne zum Übergang und Auflösung in Akkorde und Töne, die mit der Tonart übereinstimmen. Dann erfolgt ein kurzer Übergang zur parallelen Tonart C-Dur.

Metrisch interessant ist auch das kurze Nachspiel, also die Takte 54-66. Den Hintergrund der Präsentation von Motiven und Gedanken des ersten Themas bilden Modulationen zu anderen Tonarten, hauptsächlich mithilfe der Septimendominanten und ihrer Auflösungen. Es finden Modulationen in die Tonarten F-Dur, d-Moll, g-Moll, B-Dur statt, die mit einer Kadenz in der Ausgangstonart enden.

Am reichsten in harmonischer Hinsicht ist natürlich die Durchführung, in der eine Reihe von Modulationen erscheint. Der harmonische Reichtum besteht hier allerdings nicht in der Verwendung komplizierter Akkorde – es treten hier Dreiklänge, Septimenvierklänge in der Funktion von eingestreuten Dominanten, verminderte Septimenvierklänge als Nonenakkorde ohne Prime auf. Bei häufigen Wechseln und Übergängen zu verwandten Tonarten (A-Dur, d-Moll) entwickeln sich melodische Motive, bei denen fremde Töne genutzt werden. Der Beginn der Reprise ist eine Wiederholung der Tonart a-Moll, doch in der zweiten Phase des Themas erfolgt ein Wechsel der Tonart (A-Dur nach fis-Moll) und eine Wiederkehr zur Ausgangstonart. Das Ende stützt sich auf die Akkorde der Septimendominante und der Tonika.

Das einzige Klavierquintett im Schaffen von Dmitri Schostakowitsch entstand in der Zeit, als der Komponist, nach der Beendigung des vortrefflich aufgenommenen *I. Streichquartetts*, zahlreiche Filmmusik (meist zu Propagandafilmen) zu verfassen begann. Nach Krzysztof Meyer machte er das vorwiegend um des Geldes willen, weil er trotz des großen Erfolgs der fünften Symphonie weiterhin nur wenige Aufführungen hatte und seine materielle Stabilität nicht gesichert war[48]. Bald begann er die Arbeit an der *VI. Symphonie*, die zum ersten Mal im November 1939 aufgeführt wurde. Noch im selben Jahr ging er an die Neuinstrumentierung des *Boris Godunow* Modest Mussorgskis heran. Bekanntlich gibt es neben zwei originellen, von dem Autor orchestrierten Versionen dieser Oper auch zwei spätere in der Bearbeitung von Nikolai Rimski-Korsakow. Die Arbeit am *Boris Godunow* beendete Schostakowitsch im Mai 1941.

Noch vor dem Ausbruch des Krieges entstand das *Klavierquintett g-Moll*. Ein Impuls zur Niederschrift dieses Werkes war zweifelsohne der Erfolg des *I. Quartetts* und der damit verbundene Ratschlag von Dmitri Ziganow, dem Primgeiger des Beethoven-Quartetts. Schostakowitsch nahm gern den Vorschlag an, ein Quintett zu komponieren, und versprach, persönlich an seiner Uraufführung teilzunehmen.[49]. Am 23. November 1940 führte das Beethoven-Quartett die neue Komposition mit Schostakowitsch am Klavier auf. Zweifelsohne war das einer der größten Erfolge Dmitri Schostakowitschs, ein äußerst selten vorkommender Fall, wo die Anerkennung der Kritik und anderer Komponisten nahezu einmütig war. Die allgemeine Begeisterung wollte (ziemlich unerwartet) Sergei Prokofjew nicht teilen, der in dem neuen Werk keine „großen Erhebungen" feststellte. Worte hoher Anerkennung fand er jedoch für den zweiten Teil – die *Fuge*, in der er eine originelle Anknüpfung an die Bachsche Tradition entdeckte.

---

48 K. Meyer: *Dymitr Szostakowicz i jego czasy*, Warszawa 1999, S. 170.
49 Op. cit., S. 174.

Merkwürdigerweise stieß die in anderen Teilen des Werkes wahrnehmbare Anknüpfung an die Tradition Bachs, Händels und der Komponisten aus der vorbachschen Epoche auf Prokofjews entschlossene Ablehnung[50]. Aus der Perspektive der Zeit scheint das *Quintett g-Moll* die wertvollste Realisierung dieser Gattung im vergangenen Jahrhundert gewesen zu sein.

Das Werk besteht aus fünf Teilen, wobei zwei erste und zwei letzte Teile sich miteinander *attacca* verbinden, was dazu führt, dass das *Scherzo* zum zentralen Punkt des Werkes wird.

Die Teile I und II (*Prélude – Fuge*) knüpfen mit ihrer neubarocken Idee an die Tradition von Orgelpräludien und Orgelfugen Johann Sebastian Bachs an, auch an spätere Werke wie z.B. das Quartett cis-Moll Beethovens, die Orgelfuge as-Moll Brahms oder den Anfang des ersten Quartetts von Bartók. Das *Prélude* (g-Moll) beginnt mit einem majestätischen musikalischen Gedanken (*Lento*) mit rhetorischem Charakter. Ein kurzer Vorschlag ertönt in der Klavierpartie vor dem gewaltig klingenden Akkord, nach dem eine Figuration erfolgt, die von allen beiden Händen ausgeführt wird. Die Verwendung von Oktavverdoppelungen im Bass bewirkt im 5. und 6. Takt eine Verstärkung des Klangs. Es ist ein Abschnitt mit ernstem Charakter und interessanter Harmonik.

Beispiel 30: Schostakowitsch Quintett g-Moll Prélude

---

50 Prokofjews Urteile führe ich nach K. Meyer: op. cit., S. 175 an.

Beispiel 30: (Continued)

Im 8. Takt steigen die Streichinstrumente ein. Sie nutzen das melodisch-rhythmische Material (einschließlich der Durchführungen), das früher in der Klavierpartie erscheint. Dank der Dialoge zwischen den einzelnen Instrumenten entsteht eine motivische Korrespondenz. In der Einleitung beobachtet man viele metrorhythmische Veränderungen (4/4, 5/4). Gleichzeitig mit dem *Poco più mosso* erscheint der Hauptgedanke des *Préludes*. Hier erfolgt ein nächster Wechsel des Metrums, diesmal zum 3/8-Takt. In der Klavierpartie – Figuration in der rechten Hand, in der linken Hand (Takte 1-26) – homogene Rhythmik (Achtelnoten). Diese Figuration erzeugt eine leicht fesselnde und beunruhigende Stimmung, was zusätzlich durch die Verwendung der *piano*-Dynamik unterstrichen wird.

Beispiel 31: Schostakowitsch Quintett g-Moll Prélude

In den Vordergrund treten im weiteren Teil die Streicher und die Klavierpartie ist nur eine Art Kommentar. Aktiv werden ab dem 37. Takt Violine und Klavier. Die von der Violine geführte lyrische Melodie kennzeichnen hohes Register und lange Werte. In der Klavierpartie tritt eine Figuration mit Doppelklängen (rechte Hand) auf, die diesem Abschnitt viel Dynamik verleiht, die linke Hand wiederum liefert in langen Tönen eine harmonische Grundlage. Wir bemerken hier einen deutlichen Kontrast der Register und eine Erweiterung des Klangvolumens. Der ersten Violine und dem Klavier schließt sich dann das Violoncello an. Aktivität behält im weiteren Verlauf nur das Klavier und die in diesem Moment erscheinende Bratsche. Ab 10 registriert man allmähliche Zunahme der dynamischen und harmonischen Spannung, was intensiven emotionalen Ausdruck zur Folge hat und die Stimmung der Dramatik auslöst.

Beispiel 32: Schostakowitsch Quintett g-Moll Prélude

Ab dem Lento 12 bemerkt man einen Wechsel des Metrums, vor allem aber einen gewaltigen, geradezu symphonischen Klang des Klaviers, der dank der Oktavverdoppelungen und Akkorde erreicht wird, sowie zahlreiche Chromatisierungen. Mit dem Klavier im Hintergrund erscheinen abwärts führende Sequenzen, die sich auf kleine Werte (Sechzehntelnoten) stützen. Im Hinblick auf die Spannungen ist es ein sehr energischer Abschnitt, was zusätzlich durch die Verwendung der *fortissimo*-Dynamik unterstrichen wird.

Beispiel 33: Schostakowitsch Quintett g-Moll Prélude - Lento

Die *Fuge* beginnt in den Streichern *con sordini*. Das Thema, das einen kontemplativen, ja geradezu Choralcharakter hat, wird von der ersten Violine von der ersten Stufe der g-Moll-Skala eingeführt. Das Anfangsmotiv des Themas stützt sich auf lange Werte (Viertelnote, halbe Note), seinen weiteren Verlauf charakterisieren rhythmische Zerstückelungen und eine kennzeichnende rhythmische Formel – zwei Achtelnoten und eine Viertelnote.

Beispiel 34: Schostakowitsch Quintett g-Moll Fuge - Thema

Am Beginn begegnen wir Sekundschritten. Bei weiterer Entwicklung des Themas erscheinen Terzsprünge, Sekundabstiege und einige größere Intervallsprünge (wie etwa Quinte oder Septime), was mit sich eine Bereicherung des Intervalls bringt. Intervallkategorien des Themas sind 2>, 2, 3>, 3, 5, 7. Der Ambitus des Themas – 9 (Töne f-g^2). Die reale Antwort erfolgt in Takt 7 in der Unterquarte, also von der fünften Stufe der Skala, in der zweiten Violine. Im Moment, wenn in der zweiten Violine die Antwort erscheint, dauert in der Partie der ersten Violine der Kontrapunkt. Die Takte 14-15 bilden eine Überleitung, die das von der ersten und zweiten Violine geführte motivische Material nutzt. Diese Stimmen führen einen Dialog nach dem Grundsatz einer Imitation charakteristischer, aus dem Thema geschöpfter Motive. In Takt 16 erfolgt die dritte Vorführung des Themas, das vom Violoncello eingeführt wird. In den Stimmen der beiden Violinen treten in dieser Zeit Kontrapunkte auf, die sich auf lange Werte stützen und mit ihrem Verlauf an das Anfangsmotiv des Themas anknüpfen. Die nächste Überleitung bringen die Takte 22-24 und ab dem 25. Takt haben wir eine nächste Vorführung des Themas, diesmal in der Partie der Viola mit Begleitung des Kontrapunktes in den anderen Streicherstimmen. Ab dem 31. Takt beginnt die nächste Überleitung, die aber an die charakteristischen Motive des Themas, die imitiert und durch Inversion verwandelt werden, anknüpft. In Takt 38 erfolgt eine nächste Vorführung des Themas durchs Klavier, dessen Eintritt dank der Oktavverdoppelungen in der linken Hand sehr ausdrucksstark und kraftvoll ist.

Beispiel 35: Schostakowitsch Quintett g-Moll Fuge – Vorführung des Themas

Die nächste Vorführung des Themas ist der Takt 44, auch in der Klavierpartie, diesmal aber in der rechten Hand; sie erfolgt einstimmig, die Streicher werden „ausgeschaltet". Das Thema wird vom Kontrapunkt begleitet, der im tiefen Register des Klaviers geführt wird. Ab dem 50. Takt erfolgt eine Überleitung. Zunächst wird sie nur vom Klavier geführt, ab den Takten 53-56 schließen sich aber die Viola und die zweite Geige an, die ein Material nutzen, welches aus dem Thema der Fuge stammt. In Takt 57 haben wir dann erneut eine Vorführung des Themas in der ersten Violine, mit dem Kontrapunkt in den sonstigen Streicherstimmen, ohne Beteiligung des Klaviers. Ab 25 Überleitung in den Partien aller Instrumente.

Die Takte 62-108 sind ein ausgebauter Überleitungsabschnitt, der sich auf thematisches Material stützt. In Bezug auf harmonische Spannungen ist es der energetischste Abschnitt der Fuge. Ab 34 kehrt in den Partien der ersten und zweiten Violine das Thema *stretto* zurück (Takte 109-115). Das Thema erscheint auch in Takten 115-121 (ebenfalls *stretto*), in der zweiten Violine und in der Viola. Die *Strettos* führen zur Verdichtung der Faktur und zur Zunahme von Spannungen. In Takten 125-130 erscheint erneut die Überleitung, die sich auf das thematische Material der Fuge stützt.

Im dritten Takt nach 26 spielt das Cello die phrygische Version des Themas, die nach zwei Takten auf die zweite Violine übertragen wird. Das Klavier setzt sich dem entgegen, indem es in Moll-Tonarten spielt. Es erfolgt eine Diminution von zwei Takten des von der Violine gespielten Themas: bitonaler Effekt wie bei Strawinski in der *forte*-Dynamik, deutlich im Kontrast zu den sonstigen Instrumenten. Wenn die Fuge nach dem *pianissimo*-Ende strebt, rufen die Streicher ab 41 in Doppelnotenwerten das expressive Motiv aus den Takten 8-10 des *Préludes* in Erinnerung. Dann spielen die Streicher gleiche Werte und das Klavier erwidert mit verschiedenen thematischen Motiven.

Beispiel 36: Schostakowitsch Quintett g-Moll Fuge

Man kann feststellen, dass die formgebende Bedeutung in dieser Fuge dem Thema zufällt. Sein Material nutzen sowohl die Kontrapunkte als auch die Überleitungen. Dies entscheidet über die Homogenität der Form und ist eine Anknüpfung an die meisterhaften Fugen Johann Sebastian Bachs. In der Art der Durchführung des Themas sieht man zugleich eine außergewöhnlich ergreifende Expression – durch den Anstieg und die Rücksichtslosigkeit des Klavierpulses in einer scheinbar einfachen Melodie und einem scheinbar einfachen harmonischen Gewebe.

Der dritte Teil – Scherzo – stützt sich auf die ABA-Form und behält das für die Scherzos charakteristische dreiteilige Metrum mit einer Viertelnoten-Pulsierung und einer Tanzrhythmik. Das sehr lebhaft bewegende, groteske, stellenweise exzentrische, zweifelsohne im Ausdruck leichte Scherzo ist eine geistreiche Unterbrechung zwischen der kontemplativen *Fuge* und dem lyrischen vierten Teil (*Intermezzo*).

Das am meisten lyrische Glied des Zyklus *Intermezzo* (*Lento*) führt die Hauptmelodie ein, deren Charakter mit den Adagios Händels korrespondiert: melodisch (nahezu vokal), mit breiter Kantilene der ersten Violine, die diese Melodie mit dem *Pizzicato* des Violoncellos im Hintergrund (homogene Werte – Viertelnoten) anstimmt.

Beispiel 37: Schostakowitsch Quintett g-Moll Intermezzo - Anfang

Der Violine und dem Violoncello schließt sich in Takt 16 die Viola an, die die in der Partie der Violine geführte Melodie unterstützt. Diesen sehr ruhigen Charakter übernimmt das Klavier mit ostinaten Gleichklängen in Terzen 70 und mit deklamatorischer, stark chromatisierter Melodie im Sopran (wie wenn es fallende Regentropfen wären). Die Streichinstrumente sind in dieser Zeit an der Führung der Melodie nicht beteiligt.

Beispiel 38: Schostakowitsch Quintett g-Moll Intermezzo – Ostinato des Klaviers

Mit pulsierendem Akkompagnement des Klaviers im Hintergrund erscheint in 71 erneut eine Melodie, die von der ersten Violine geführt wird (im sehr hohen Register). An dieser Stelle bildet das Klavier einen stimmungsvollen Hintergrund und führt in das Ganze ein wenig Unruhe ein. Ab 72 wechselt das Metrum zum 3/2-Takt und in den Vordergrund beginnt die Klavierpartie zu dringen. Besonders wichtig ist die Rolle der linken Hand, namentlich wenn die der Tonleiter eigenen auf- und absteigenden Sekundschritte erscheinen, die sich auf Oktavverdoppelungen stützen (Achtelnotenwerte, tiefes Register). In der Partie der rechten Hand treten in derselben Zeit akkordhafte Gleichklänge auf, die auf einen Viertelnotenrhythmus gestützt sind. Die Partie der Geige bildet gleichzeitig mit langen, anhaltenden Noten sozusagen einen Hintergrund für das Klavier, obschon auch sie bisweilen die Führung der Melodie übernimmt (auf Achtelnoten gestützte diatonische Schritte).

Beispiel 39: Schostakowitsch Quintett g-Moll Intermezzo

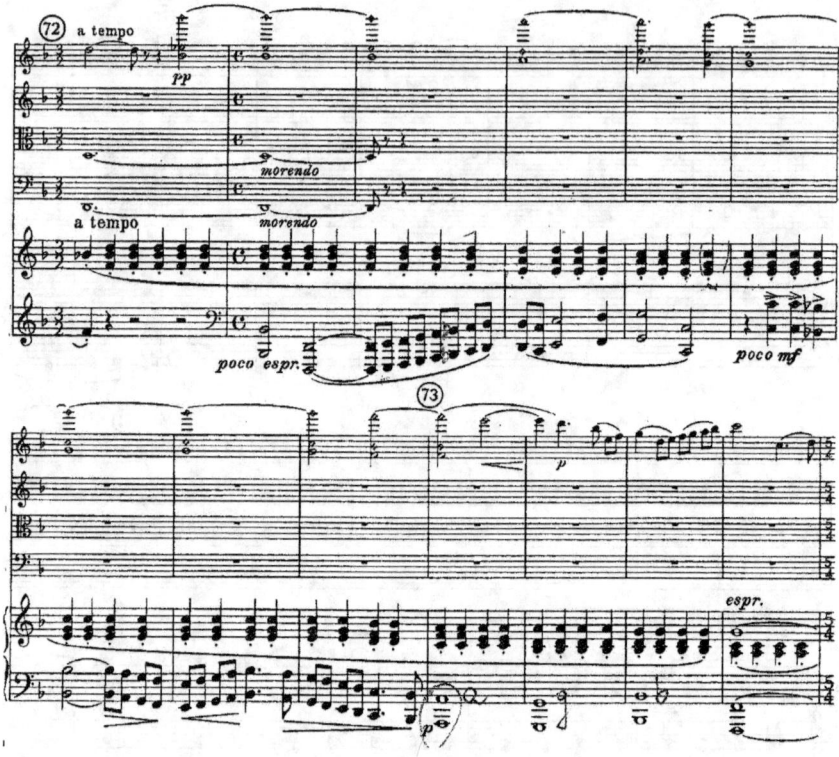

Hervorzuheben sind auch zahlreiche metrorhythmische Veränderungen – 5/4, 4/4, 5/4, 3/2. Ab 74 kehrt das Klavier zu seinem Charakter vom Beginn dieses Teils zurück und spielt Oktavverdoppelungen als Bassgrundlage, die sich auf den Rhythmus Achtelnote – Achtelpause stützt. In den Streichern zeichnet sich in dieser Zeit eine Polyphonisierung ab, die das melodische Material der acht Anfangstakte des *Intermezzos* nutzt. Zunächst geschieht das in den Partien beider Violinen, mit der Zeit schließen sich ihnen in Imitationen die Viola und das Violoncello an. Anstieg der Emotionen, Lyrismus und Ausdrucksintensität bilden hier den Höhepunkt dieses Teils. Die Emotionen lassen zwar nach, zahlreiche Chromatisierungen hinterlassen aber den Eindruck von Unruhe und ekstatischer Spannung. Das *Intermezzo* geht *attacca* in das Finale über, das im Hinblick auf die Stimmung und die Art der Expression mit dem vorangehenden Teil im Kontrast steht. Zunächst spielt das Klavier, das stellenweise die führende Partie übernimmt. Deutlich überwiegt aber sein Dialog mit dem Streichquartett, bei dem es abwechselnd eine vordergründige Rolle spielt oder den Hintergrund bildet. Interessant ist dieser Teil in harmonischer Hinsicht (zahlreiche Chromatisierungen), er ist fröhlich und drückt Optimismus aus, besonders im letzten Abschnitt.

Beispiel 40: Schostakowitsch Quintett g-Moll Finale - Anfang

VI. Resümee

Die Analyse der Rolle des Klaviers in der historischen Evolution der zyklischen Formen der Kammermusik zeigt ausdrücklich, dass das im Titel dieser Abhandlung angezeigte Problem eng mit einigen, voneinander abhängenden Problemkreisen zusammenhängt. Hinzuweisen ist hier auf den Werdegang der Instrumentalmusik als wichtigsten Feldes kompositorischer Expression, charakteristisches Verständnis der Kammermusik, ihrer Ästhetik und ihrer Ausführungspraxis sowie den Platz des Klaviers in einem Kammerensemble (von der solistischen Dominanz bis zur Partnerschaft). Ferner sind es auch vielfältige und vielschichtige Relationen zwischen der Kammermusik und anderen Gebieten der Instrumentalmusik, insbesondere der romantischen Klavierminiatur und dem spätromantischen Symphonismus einschließlich ihrer ästhetischen Voraussetzungen. Notwendig zu erwähnen ist in einer solchen Zusammenstellung die im 19. Jahrhundert verbreitete Vokallyrik – es fehlt in ihr nicht an Werken, in denen das Klavier sich nicht nur auf eine Begleitung des poetischen Wortes beschränkt, sondern auch die in ihm enthaltenen Inhalte hervorhebt; die Präludien, insbesondere aber die Postludien, übernehmen die Rolle des Kommentars und sind eine Art Mündungsstelle für Überfluss an Gefühlen. Die romantische Gesangkunst, die sich zwischen der ostentativen Virtuosität des Belcanto-Stils und den erheblich vereinfachten Ausdrucksmitteln in den Liedern bewegt, wirkte sich stark auf die Klavierinterpretationen aus – erwähnt sei hier etwa die Art der Führung der Kantilene oder die Realisierung von Verzierungen. Die Klavierbegleitung vieler zu Meisterwerken angerechneter romantischer Lieder ist andererseits so gestaltet, dass der „Text des Akkompagnements" (eine Bezeichnung von Michał Bristiger) wie ein wertvolles und gewissermaßen eigenständiges Werk für Klavier behandelt werden kann[51]. Ein Beweis dafür, dass man mit manchen Liedern wie mit „Grenzwerken" (Vokal- oder Instrumentalwerken) umgehen konnte, sind zahlreiche Paraphrasen Franz Liszts. Von Bedeutung scheint mir in der modernen Musik die unaufhebbare Spannung zwischen der Tradition und der Modernität zu sein, die man im Schaffen Dmitri Schostakowitschs wahrnimmt. (Abgesehen wird hier von vielen wichtigen Erscheinungen, deren Ergründung außerhalb des Rahmens dieser Abhandlung liegt.)

Die Evolution der Instrumentalmusik, die – grob formuliert – von der Gebrauchsmusik (oder im besten Fall: von der wohl artikulierten Veranschaulichung

---

51 Vgl. M. Bristiger: *Związki muzyki ze słowem*, Kraków 1986, S. 21.

von Affekten) in der Richtung eines romantischen Paradigmas der absoluten Musik verlief, ging mit der Änderung der Rolle des Klaviers einher. Bartolomeo Cristofori publizierte bekanntlich 1709 in Florenz das Diagramm und die Beschreibung des Klaviers und ihm schreibt man den Vorrang vor Hebenstreit und Schröter zu, die Konstrukteure des Zimbals mit Klaviatur waren. Zwei Instrumente Cristoforis sind erhalten geblieben, alle beide besitzen eine Mechanik, die die Repetition ermöglicht. Nach verschiedenen Übergangskonstruktionen (hierzu gehörte etwa das Tangentenflügel, wo die Saiten durch „Tangenten", beweglich gelagerte Holzstreifen, angeschlagen wurden) und den Instrumenten von Stein haben Érard, Broadwood und amerikanische Klavierbauer zu Beginn des 20. Jahrhunderts das Klavier modernen Typs entwickelt. Die nahe Nachbarschaft der Basssaiten und der hohen Saiten erleichterte die Erzeugung von harmonischen Tönen, deren Intensität bei gedrücktem rechtem Pedal zusätzlich stieg. Der Klang dieses Klaviers war bedeutend stärker und gleichzeitig weniger selektiv – die von den Komponisten am Beginn des 19. Jahrhunderts verwendeten vollen Akkorde im Bass führen bei der Verwendung moderner Klaviere zu einem gewissen Klangchaos. Wie es dem auch sei: die konstruktiven Änderungen führten zur klanglichen Privilegierung des Klaviers gegenüber den Streichern bei gleichzeitiger Erhöhung seiner harmonischen und Ausdrucksmöglichkeiten.

Die schnelle Vervollkommnung der Konstruktion des Klaviers deckte sich zeitlich mit einer revolutionären Änderung in der Kammermusik – dem Verzicht auf den *Basso continuo*. Das Tasteninstrument (die übliche Kennzeichnung der Londoner Verleger lautet *„Harpsichord or Forte Piano"*) erlangte somit volle Selbstständigkeit. Hervorzuheben ist jedoch, dass die damalige Kammermusik von Pianisten mit hohem oder gar virtuosem Können realisiert wurde. An ihrer Seite spielten Geiger und Cellisten, die musizierende Laien waren. Daher kam die in Deutschland allgemein verbreitete Bezeichnung *Klaviersonate mit Violinbegleitung*, die auf die Rolle hinweist, die den beiden Instrumenten zufiel. Größere Kammerbesetzungen (im Allgemeinen mit Streichern, seltener mit Bläsern) in den Werken der Mannheimer und Pariser Komponisten minimalisierten im gewissen Grad die entschiedene Überlegenheit des Klaviers. Die etwa in derselben Zeit geschriebenen Werke Johann Christian Bachs tendierten wiederum in die Richtung eines Klavierkonzerts. Der *concertante*-Stil und der spätere *Stile Brillante* sowie die Klaviervirtuosität wirkten sich später auf das in Europa beliebte Schaffen von Hummel aus, wenngleich es Mozart gelang (etwa im Quartett oder Quintett), ein Gleichgewicht zwischen dem Klang des Klaviers und der sonstigen Instrumente zu erlangen. Getan wurde ein erster wichtiger Schritt zur Partnerschaft.

Vielfältige Relationen zwischen der zyklischen Form der Kammermusik mit Beteiligung des Klaviers und anderen Formen der Instrumental- und

Vokalmusik, an denen das Klavier beteiligt war, entwickelten sich in der Epoche der Romantik. Der Stil der romantischen Musik, der sich zwischen dem intimen Klima einer Vokal- oder Klavierminiatur und der ostentativen Expression der spätromantischen Symphonie bewegte, blieb nicht ohne Einfluss auf die Entwicklung der Kammermusik. Der Bedarf nach Intimität, deutlich spürbar in der Musik Schumanns, in seinem Klavierschaffen und im gewissen Grad auch in seiner Kammermusik, gehört in gleicher Linie mit den glanz- und prachtvollen Darbietungen der Virtuosen zur gleichen Epoche. Wenn wir also heute über die romantische Virtuosität sprechen, sollen wir auch nicht das Streben nach Einfachheit übergehen, das in den volkstümlichen Stilisierungen sichtbar ist. Die Transparenz und formale Symmetrie, die wir bei Mendelssohn beobachten, schließt die bedeutend freizügigere Behandlung der Formgrenzen bei Schumann und Dvořák nicht aus. Ein Beispiel kann hier auch der lockere Bau des Anfangsteils des *Quintetts c-Moll* von Borodin sein.

Es wäre kaum möglich, das Verhältnis der Romantiker zur musikalischen Vergangenheit an dieser Stelle eingehend zu erörtern. Es sei aber nur daran erinnert, dass es für die deutschen Komponisten (in der ersten Reihe betrifft das Brahms) ein offensichtliches und natürliches Bedürfnis war, die Traditionen Beethovens und Schuberts fortzusetzen, mindestens in Bezug auf die symphonische und Kammermusik. Borodin indessen, was ich bereits erwähnte, empfand keinerlei Verpflichtung gegenüber der nahen oder fernen musikalischen Vergangenheit – statt dessen interessierte er sich für die russische Folklore. Die Vorstellung der musikalischen Hauptgedanken mit volkstümlicher Färbung und mit für die Folklore typischen rhythmischen Strukturen ist in seinem Quintett eben eine Aufgabe des Klaviers.

Entgegengesetzte Erscheinungen treten in Werken auf, die in der spätromantischen Epoche oder im 20. Jahrhundert entstanden. In Mahlers *Quartett a-Moll* erfüllt das Klavier stimmungsbildende Funktion – durch die Verwendung dunkler Farbe tiefer Register, Aufbau der Dramatik, Oktavverdoppelungen. In den figurativen Abschnitten ist der Klang bedeutend zarter, was einen Ausdruckskontrast herstellt. Die Klavierfaktur berücksichtigt die Symphonisierung des Klanges (früher verwendete sie bereits Beethoven) und beträchtliche Erweiterung des Klangvolumens, auch die Verwendung virtuoser Elemente (z.B. Akkord- und Passagentechnik). Wichtige formale und auf den Ausdruck bezogene Rolle fällt ohne Zweifel der Harmonie zu, die Spannungen und Kulminationen in enger Verbindung mit der Klavierpartie aufbaut.

Im *Quintett g-Moll* Schostakowitschs bemerkt man, ähnlich wie in vielen anderen Werken dieses Künstlers, spezifische „Zeichen der Zeit". Um diese Musik zu verstehen, darf man nicht die reale Wirklichkeit vergessen, in der er zu leben hatte. Der hochtalentierte russische Komponist lebte nämlich in der – besonders für die hervorragenden Menschen – schweren Zeit der Sowjetunion. Schostakowitsch hatte die Neigung, pathetische und groteske (manchmal beinahe schon stümperhaft anmutende) Ideen miteinander zu verknüpfen. Die Kommunisten hielten daher seine Musik für bourgeoises, formalistisches und im Grunde genommen dekadentes Experiment. Seine Werke wurden aus den Repertoires gestrichen und die Behörden griffen ihn regelmäßig an, meist mithilfe diensteifriger Kritiker oder anderer Komponisten. Obwohl Schostakowitsch eine der Oktoberrevolution gewidmete Symphonie und andere Werke mit programmatisch-propagandistischen Titeln (*Das Jahr 1905, Das Jahr 1917, Zum Gedenken an Lenin, Marsch der sowjetischen Miliz*) komponierte, blieb er ein Mensch, der sich der Paranoia und der Verlogenheit des Systems bewusst war. Das erklärt den Hohn und die Ironie in seiner Musik. Innerlich zerrissen, voller Erbitterung drückte er seine Gefühle hauptsächlich im symphonischen Schaffen aus, Werke für Kammerbesetzung schrieb er grundsätzlich nicht.

Das *Quintett g-Moll* nimmt augenfällig Bezug auf die große Tradition Bachs, Händels und anderer Komponisten. Dies betrifft insbesondere die zwei Anfangsteile (*Prélude – Fuge*), wo man ansonsten Reminiszenzen an die Werke Beethovens, Brahms oder Bartóks entdecken kann. Die kurzen figurativen Abläufe am Anfang des *Préludes* kündigen quasi den Charakter und die Rolle der Klavierpartie an. Das Klavier unterstreicht den rhetorischen Ausdruck dieses Teils, es bedient sich des Kontrastes der Register bis zur symphonischen Intensität und Verdichtung des Klangs, es führt Chromatisierungen ein. Die Vorführung des Themas in der *Fuge*, seine Durchführung und kontrapunktische Arbeit offenbart (wenn auch in enger Partnerschaft aller Instrumente) die gewichtige Rolle des Klaviers. Charakteristische Anknüpfung an die Tradition können wir auch im *Intermezzo* entdecken, wo das Klavier mit ruhigen ostinaten Gleichklängen in Terzen – und im Sopran – eine deklamatorische Melodie führt. Im Finale übernimmt das Klavier stellenweise die führende Partie, es überwiegt aber sein Dialog mit den Streichern. Charakteristisches Element ist für das *Quintett g-Moll* Schostakowitschs die ungewöhnliche, früher nicht vorkommende expressive Ladung, die in der Klavierpartie enthalten ist. Das Anschwellen und die Rücksichtslosigkeit des Klavierpulses in einer scheinbar einfachen Melodie und einem scheinbar einfachen harmonischen Gewebe führt dazu, dass die Konstruktion eines jeden Teils des Quintetts sich darauf stützt, dass die Melodie unerbittlich zur gewaltigen Kulmination anschwellt und danach absteigt. Man hat den Eindruck, dass das Klavier quasi die Klanggrenzen überschreitet. Im gewissen Sinne markiert das die Grenze des Entwicklungsprozesses, der im 18. Jahrhundert begann und von den romantischen Komponisten fortgesetzt wurde.

Meine Überlegungen und Interpretationskonzepte, die mit der Problematik der Partnerschaft des Klaviers und anderer Instrumente in den zyklischen Formen der Kammermusik verbunden waren, konnte ich während der Arbeit an einer Schallplatte mit den Kompositionen Borodins, Mahlers und Schostakowitschs (DUX 0629) realisieren. Ich möchte mich daher für die anregende Zusammenarbeit bei meinen hervorragenden musikalischen Partnern bedanken, den Mitgliedern des Quartetts „Camerata" – namentlich bei den Herren Włodzimierz Promiński, Andrzej Kordykiewicz, Piotr Reichert und Roman Hoffmann. Besondere Worte des Dankes richte ich an die Frau Małgorzata Polańska aus der Firma DUX Recording Producers für die vorzügliche Realisierung dieser Aufnahme.

Bibliographie

Adorno T.: *Ästhetische Theorie*, Frankfurt/M. 1992.

Alekseev A.: *Istorija fortepiannogo iskusstva*, Moskwa 1992.

Alekseev A.: *Russkaja fortepiannaja muzyka*, Moskwa 1969.

Alekseev A.: *Sovetskaja fortepiannaja muzyka (1917-1945)*, Moskwa 1974.

Beiträge zur Musikanschauung im 19. Jahrhundert, hrsg. von Walter Salmen. Regensburg 1965.

Beveridge D.: *Dvořák's Piano Quintet op. 81: The Schumann Connection*. „The Chamber Music Quarterly" 1984, vol. 2.;

Blaukopf K.: *Mahler, eine Dokumentarbibliographie*, Wien 1976.

Bristiger M.: *Związki muzyki ze słowem*. Kraków 1986.

Chissel J.: *Schumann – The Piano Music*. London 1972.

Chomiński J., Wilkowska-Chomińska K.: *Formy muzyczne. T. 1: Małe formy instrumentalne*. Kraków 1983.

Chomiński J., K. Wilkowska-Chomińska: *Formy muzyczne. T. 2: Wielkie formy instrumentalne*, Kraków 1987.

Cooke D.: *The Language of Music*, London – New York 1959.

Dahlhaus C.: *Die Idee der absoluten Musik*. 2. Aufl. Kassel [u.a.] 1987.

Dahlhaus C.: *Musikästhetik*. Köln 1986.

Daverio J.: *Robert Schumann – Herald of a „New Poetic Age"*. Oxford 1997.

Dowley T.: *Schumann*. Przeł. Ł. Litak. Kraków 1999.

Eggebrecht H. H.: *Die Musik Gustav Mahlers*, München 1982.

Einstein A.: *Mozart. Sein Charakter, sein Werk*. Zürich, Stuttgart³ 1953.

Einstein A.: *Die Musik in der Romantik*, München 1950.

Fuhrmann R.: *Mannheimer Klavier-Kammermusik*, Marburg 1963.

Gołowinskij G.: *Kamiernyje ansambli Borodina*, Moskwa 1972.

Guczalski K.: *Znaczenie muzyki – znaczenie w muzyce*, Kraków 1999.

Gwizdalanka D.: *Przewodnik po muzyce kameralnej*, Kraków 1996.

Harnoncourt N.: *Musik als Klangrede. Wege zu einem neuen Musikverständnis. Essays und Vorträge*. Salzburg [u.a.] 1983.

Harnoncourt N.: *Der musikalische Dialog. Gedanken zu Monteverdi, Bach und Mozart*. Salzburg [u.a.] 1984.

Hinson J.: *The Piano in Chamber Ensemble*, Bloomington – London 1978.

Il'in M., Segal E.: *Aleksandr Porfir'evič Borodin 1833-1887*, Moskwa 1953.

Jarociński S.: *Ideologie romantyczne*, Kraków 1988.

Jarzębska A.: *Z dziejów myśli o muzyce. Wybrane zagadnienia teorii i analizy muzyki tonalnej i posttonalnej*, Kraków 2002.

Köchel L. von: *Chronologisch-thematisches Verzeichnis sämtlicher Tonwerke Wolfgang Amadeus Mozarts*, Leipzig 1980.

Lloyd-Jones D.: *Borodin in Heidelberg*. "The Musical Quarterly" XLVI (1960).

Marchwiński J.: *O partnerstwie w muzyce*. „Ruch Muzyczny" 2002, nr 1.

Mattheson J.: *Der volkommene Capellmeister*. Wyd. M. Reimann, Kassel 1969.

Meyer K.: *Szostakowicz*, Kraków 1986.

Meyer K.: *Dymitr Szostakowicz i jego czasy*, Warszawa 1999.

Mroczek-Szlezer D.: *Pianiści a muzyka kameralna – ucieczka czy wyzwanie*. Muzyka Fortepianowa XII. Prace Specjalne 59 Akademii Muzycznej w Gdańsku, Gdańsk 2001.

Müller A. (red.): *Kunstanchauung der Frühromantik*, Leipzig 1931.

Münch S.: *Reguły i tradycje. Niemieckie dyskusje nad operą od Lessinga do Wielanda*, (w;) *Z problemów preromantyzmu i romantyzmu*, pod red. A. Aleksandrowicz, Lublin 1991.

Newman W. S.: *Concerning the Accompanied Clavier Sonata*. "The Musical Quarterly" XXXIII (1947).

Platinga L. B.: *Schumann As Critic*. Princeton 1994.

Pociej B.: *Idea, dźwięk, forma*. Kraków 1973.

Pociej B.: *Szkice z późnego romantyzmu*, Kraków 1978.

Pociej B.: *Mahler*, Kraków 1992.

Poniatowska Irena: *Faktura fortepianowa Beethovena*, Warszawa 1972.

Reiman E.: *Schumann's Piano Cycles and the Novels of Jean Paul*. Rochester 2004.

Sachs C.: *Historia instrumentów muzycznych*. Przeł. S. Olędzki, Kraków 1989.

Schäfke R.: *Geschichte der Musikästhetik in Umrissen*, Tutzing 1964.

Skorek-Münch J.: *W kręgu kapelmistrza Jana Kreislera. Liryka fortepianowa Roberta Schumanna*, (w:) *De musica commentarii* vol. 1, pod red. T. Brodniewicz I H. Kostrzewskiej, Poznań 2008.

Smallman B.: *The Piano Quartet and Quintet. Style, Structure and Scoring*, Oxford 1994.

Sochor A. N.: *Aleksandr Porfir'evič Borodin. Žizn', dejatel'nost', muzykal'noe tvorčestvo*, Moskwa 1965.

Strawinski I.: *Musikalische Poetik*. Mainz 1966.

Swolkień H.: *Aleksander Borodin*, Warszawa 1979.

Taylor R.: *Robert Schumann. His Life and Work*, London 1982.

Thayer A.W.: *The Life of Ludwig van Beethoven*, London 1960.

Wackenroder W.: *Werke und Briefe*, Jena 1910.

Warbutton E.: *The Collected Works of Johann Christian Bach*, t. 41 "Music for Five and Six Instruments", New York and London 1986.

Wiora W.: *Zwischen absoluter und Programmusik* (w:) *Festschrift Friedrich Blume zum 70. Geburtstag*, red. A. A. Abert I W. Pfannkuch, Kassel 1963.

Personenverzeichnis

Artaria Carl, 18, 20

Bach Carl Philipp Emanuel, 23
Bach Johann Christian, 17, 19, 22, 86
Bach Johann Sebastian, 9, 33, 35,
   51, 73, 80
Bartók Bela, 73, 88
Batteux Charles, 7, 9
Bauer Josef Anton, 23
Beethoven Ludwig van, 9, 10, 11, 19,
   23, 24, 25, 26, 27, 28, 35, 40, 51, 53,
   72, 73, 87, 88
Bellermann Heinrich, 10
Berwald Franz, 41, 42
Borodin Aleksander Porfirjewicz, 5,
   11, 35, 52, 53, 54, 55, 56, 57, 58, 59,
   60, 61, 62, 87, 89
Brahms Johannes, 41, 44, 53,
   73, 87, 88
Brentano Clemens, 37
Bristiger Michał, 85
Broadwood John, 86
Brodniewicz Teresa, 35, 36, 37
Bülow Hans von, 49

Callot Jacques, 37
Cambini Giuseppe Maria, 15
Cannabich Christian, 22, 52
Castillon Marie-Alexis
   Vicomte de Saint-Victor, 47
Cézanne Paul, 45
Chomiński Józef, 25
Chopin Fryderyk, 31, 54
Cimarosa Domenico, 52
Clementi Muzio, 27
Colloredo Hieronymus, 21

Couperin François, 51
Cristofori Bartolomeo, 86

Debussy Claude, 51
Dubos Jean-Baptiste, abbé, 7, 9
Dusik Jan Ladislav, 26

Eckard Johann Gottfried, 17
Einstein Alfred, 13, 14, 15, 18, 19,
   20, 21, 24, 27, 28, 52
Érard Sébastien, 86

Fauré Gabriel, 41, 45, 47, 48, 50, 51
Fibich Zdeněk, 45
Filtz Anton, 15
Fontenelle Bernard Le Bovier, 7
Forkel Johann Nikolaus, 9
Franck César, 45, 47
Freistädtler Franz Jakob, 22
Friedrich II., Preußenkönig, 26

Gade Niels, 38
Galuppi Baldassare, 52
Gervinus Georg Gottfried, 10
Glinka Michail Iwanowitsch, 52
Grell Eduard, 10
Grillparzer Franz, 28

Haydn Joseph, 8, 14, 15, 24,
   27, 30, 51
Hebenstreit Pantaleon, 86
Hegel Georg Wilhelm Friedrich, 10
Hiller Johann Adam, 9
Hindemith Paul, 41
Hoffmann Ernst Theodor
   Amadeus, 10, 89

Hoffmeister Franz Anton, 18, 20, 22
Holzbauer Ignaz, 15, 52
Honnauer Leonzi, 17
Hummel Johann Nepomuk, 27, 30, 31, 32, 46, 53, 86

Isidor von Sewilla, Hl., 9

Jean Paul (richtig J. P. Friedrich Richter), 13

Kirchgässner Marianne, 21
Köchel Ludwig von, 18, 21, 22
Kostrzewska Hanna, 35, 36, 37

Leitgeb Ignaz, 21
Lemaire Madeleine, 45
Liszt Franz, 31, 41, 42, 45, 54, 85
Lobkowitz Joseph Franz Maximilian von, 24
Lully Jean-Baptiste, 46, 51

Mahler Gustav, 5, 11, 63, 65, 66, 67, 68, 69, 70, 87, 89
Manfredini Francesco Onofrio, 52
Mann Johann Georg, 15
Marpurg Friedrich Wilhelm, 9
Massenet Jules, 45
Mattheson Johann, 7, 8, 9
Mendelejew Dmitri Iwanowitsch, 54
Mendelssohn-Bartholdy Felix, 32
Meyer Krzysztof, 72, 73
Mondonville Jean-Joseph Cassanéa de, 15
Monet Claude, 45
Morzin Ferdinand Maximilian von, 15
Mozart Wolfgang Amadeus -, 13, 14, 17, 18, 19, 20, 21, 22, 23, 24, 27, 30, 51, 52, 86

Münch Stefan, 7
Mussorgski Modest Petrowitsch, 53, 72

Neefe Christian Gottlob, 23
Nissen Georg Nicolas von, 20
Novák Vitežslav, 45
Novalis (richtig Georg Philipp Friedrich Freiherr von Hardenberg), 8

Offenbach Jacques, 47

Paganini Niccoló, 25
Paisiello Giovanni, 52
Paumgartner Sylvester, 29
Prokofjew Sergei Sergejewitsch, 72, 73
Protopopowa Jekaterina, 54
Proust Marcel, 45

Quantz Johann Joachim, 9

Radziwiłł Karol, 27
Raguenet François, abbé, 51
Rasumowski Andrej Kyrillowitsch, 40
Raupach Hermann Fried, 17
Reichardt Johann Friedrich, 10
Renoir Auguste, 45
Richter Franz Xaver, 15
Ries Ferdinand, 27
Rimski-Korsakow Nikolai Andrejewitsch, 54, 72
Rosenberger Michael, 18
Rousseau Jean-Jacques, 51
Rubinstein Anton Grigorjewicz, 53

Saint-Saëns Camille, 41, 45, 46, 47
Sammartini Giambattista, 14
Schlegel Friedrich, 8, 37
Schnittke (Sznitke) Alfred, 65
Schobert Johann, 16, 17, 52

Schönberg Arnold, 41
Schostakowitsch Dmitri
  Dmitrijewitsch, 5, 11, 63, 65, 72,
  73, 74, 75, 76, 77, 78, 79, 80, 81,
  82, 83, 85, 87, 88, 89
Schröter Gottlieb, 86
Schubert Franz, 8, 29, 32, 35, 87
Schulhof Julius, 54
Schumann Robert, 8, 13, 27, 29, 33,
  35, 36, 37, 38, 39, 40, 41, 44, 47, 51,
  54, 87
Simrock Nicolaus, 22
Skorek-Münch Jolanta, 35, 36, 37
Smallman Basil, 17, 18, 26, 27, 30,
  38, 48, 50
Späth Franz Jakob, 18
Spohr Louis, 27
Stadler Anton, 21
Stein Johann Andreas, 18, 86

Suk Josef, 44
Sulzer Johann Georg, 8

Tartini Giuseppe, 9
Taylor Ronald, 41
Thayer Alexander Wheelock, 27
Tieck Ludwig, 8, 10, 13, 35

Wackenroder Wilhelm, 8, 9, 10, 35
Wagenseil Johann Christoph, 15
Wagner Richard, 51, 54
Walter Anton, 18
Warburton Ernest, 17
Weber Carl Maria von, 27, 28, 29
Weigl Joseph, 25
Wilkowska-Chomińska Krystyna, 25

Zarębski Juliusz, 45

Ars Musica. Interdisziplinäre Studien

Herausgegeben von Elżbieta Szczurko und Tadeusz Guz

Band 1 Elżbieta Szczurko / Tadeusz Guz (Hrsg./eds.): Fryderyk Chopin. Sein und Werk / Being and Work. 2010.

Band 2 Lidia Kozubek: Arturo Benedetti Michelangeli as I Knew Him. 2011.

Band 3 Elżbieta Szczurko / Tadeusz Guz / Horst Seidl (Hrsg./eds.): LOGOS ET MUSICA. In Honorem Summi Romani Pontificis Benedicti XVI. 2012.

Band 4 Elżbieta Szczurko: Antoni Szałowski. Person and Work. 2013.

Band 5 Jolanta Skorek-Münch: Die Partnerschaft im musikalischen Dialog. Von der Geburt der zyklischen Form der Kammermusik mit Klavier (Trio, Quartett, Quintett) bis zu ihrer höchsten Blüte (Borodin, Mahler, Schostakowitsch). 2015.

www.peterlang.de

www.ingramcontent.com/pod-product-compliance
Lightning Source LLC
Chambersburg PA
CBHW050141240426
43673CB00043B/1751